Eva Eppard

In den Topf geschaut

Tre Torri

Inhalt

Vorwort

Das Radioprogramm SWR4 ist in Rheinland-Pfalz ein unverzichtbarer Lotse für Regionalität, Aktualität, Emotionalität und Lebenslust. Um die wichtigen, interessanten und erzählenswerten Themen für Sie aufzuspüren, schwärmen unsere SWR4-Reporter aus den SWR-Regionalstudios jeden Tag in die Regionen aus. Dabei bringen sie oft landestypische Rezepte mit, die täglich um 11.40 Uhr für Sie hörbar werden. Das ist uns wichtig, denn Rheinland-Pfalz wird gerade auch durch seine variantenreiche Kultur in den Küchen des Landes unverwechselbar. Sie prägt auch die Rheinland-Pfälzer selbst, die eine einmalige Lebensart pflegen, in der Genuss eine bedeutende Rolle spielt.

Mit der Rheinland-Pfälzerin Eva Eppard haben wir eine Spitzenköchin als Expertin für unser Programm gefunden, die der regionalen Küche tief verbunden ist. Sie verrät bei uns ihre Tipps und Tricks und steht einmal im Monat samstags zwischen 11 und 12 Uhr bereit, um Küchenfragen unserer Hörerinnen und Hörer live auf SWR4 zu beantworten. Die jahrelange Erfahrung mit den Genüssen regionaler Gerichte hat uns angespornt, unser erworbenes Wissen mithilfe des Tre Torri Verlags in einem Kochbuch zusammenzufassen. Das Ergebnis liegt Ihnen vor und bringt auch Sie hoffentlich auf viele neue kulinarische Ideen.

Viel Spaß beim Kochen, Probieren und Genießen wünscht Ihnen

Ihr Matthias Stapf
Programmchef SWR4 Rheinland-Pfalz

Vorwort

Ich wusste schon als kleines Kind, was ich einmal werden wollte: Köchin. Dazu beigetragen haben mein Vater und meine Großmutter, denen ich stundenlang in der Küche zuschauen durfte. Der Blick in den Backofen war für mich verführerischer als jedes Fernsehprogramm es je sein konnte. Heute, als Köchin in meinem eigenen Restaurant, tragen mich immer noch diese Kindheitserinnerungen, denn auch heute noch bin ich der regionalen Küche verbunden. Und ich bin nicht alleine: Immer mehr Spitzenköche erkennen den Wert alter Rezepte, die behutsam ins Moderne „übersetzt" werden. Regionale Küche bedeutet für mich aber auch, regionale Erzeuger zu unterstützen, von denen wir in Rheinland-Pfalz viele haben. Auch hier gilt das Goethe-Zitat „Warum in die Ferne schweifen? Sieh, das Gute liegt so nah!".

Umso mehr freue ich mich, dass ich im Radioprogramm SWR4 Rheinland-Pfalz-Botschafterin für die rheinland-pfälzische Küche sein kann, sei es in Interviews, in der Samstagssprechstunde oder auf den zahlreichen SWR4-Veranstaltungen im Land, bei denen ich Ihnen, liebe SWR4-Hörerinnen und -Hörer, begegnen darf. Das vorliegende Kochbuch ist ein weiterer Höhepunkt unserer Zusammenarbeit.

Ich wünsche Ihnen beim Schmökern und Kochen viel Freude.

 Ihre Eva Eppard

Spitzenköchin und SWR4-Küchenexpertin

Früher galt in der Eifel, der Region zwischen Aachen, Trier und Koblenz, die Devise, „Aus wenig so viel wie möglich machen". Heute ist genau das wieder modern. Auch Feinschmecker schätzen mittlerweile bodenständige Gerichte. Ein typisches Beispiel dafür ist der Eifeler Hongslatze, ein Salat aus den jungen Blättern des Löwenzahns, der mit Kartoffeln und Speck gereicht wird. Das Gericht Himmel und Ärd, Äpfel und Kartoffeln vermengt und mit Blutwurst serviert, findet sich heute auf der Speisekarte in Eifeler Dorfgasthöfen und in Feinschmeckerlokalen. Ein ganz typisches Gericht ist auch der Döppekooche, dessen Grundzutaten — Kartoffeln, Speck und Zwiebeln — zwar immer gleich sind, der jedoch fast von Familie zu Familie anders schmeckt.

Eifel

Eifelschmaus

(Endivien-Kartoffel-Stampf)

Für 4 Personen

1 kg mehligkochende Kartoffeln
1 mittelgroßer Endiviensalat
1 große Zwiebel
250 g durchwachsener Speck
Salz
250 g saure Sahne
Pfeffer
Muskatnuss
Weißweinessig, nach Belieben
3 eingelegte, getrocknete Tomaten
1 EL geröstete Walnusskerne

Die Kartoffeln schälen, waschen und grob würfeln. Den Endivien-salat putzen, die Blätter waschen und trocken schleudern. In sehr feine Streifen schneiden. Die Zwiebel schälen, halbieren und in Streifen schneiden. Den Speck in kleine Würfel schneiden.

Die Kartoffelwürfel in ausreichend kochendem Salzwasser ca. 10 Minuten garen. Das Kochwasser abgießen und die Kartoffeln zerstampfen. In einer heißen Pfanne ohne Fett den Speck auslas-sen und darin die Zwiebelstreifen glasig anschwitzen. Die saure Sahne unterrühren und alles unter die Kartoffeln mischen. Mit Salz, Pfeffer, frisch geriebener Muskatnuss und nach Belieben mit Essig abschmecken. Die Endivienstreifen vorsichtig unterheben.

Die getrockneten Tomaten abtropfen lassen und gemeinsam mit den Walnüssen hacken. Den Stampf mit den getrockneten Tomaten und Walnüssen garniert servieren.

Info

In der Eifel wird dieses Gericht auch Matschschloot, Schleefschloot, Schlabber-Andieve oder Frühjahrsschmaus genannt und mit Blut-wurst serviert.

Bonne-Strüh

(Eintopf aus weißen Bohnen und Sauerkraut)

Für 4 Personen

300 g Kasseler
2 Zwiebeln
½ Bund Petersilie
1 EL Sonnenblumenöl
500 g frisches Sauerkraut
1 l Gemüse- oder Fleischbrühe
1 Dose (425 g) weiße Bohnen
Salz, Pfeffer
4 Scheiben Frühstücksspeck

Den Backofen auf 200 °C Ober- und Unterhitze vorheizen.

Das Kasseler in Würfel schneiden. Die Zwiebeln schälen und fein würfeln. Die Petersilie waschen, trocken schütteln, die Blättchen von den Stängeln zupfen und fein hacken.

Das Öl in einem Topf erhitzen. Die Zwiebeln darin anbraten und das Sauerkraut zugeben. Mit der Brühe ablöschen und ca. 25 Minuten bei geringer Temperatur garen. Kurz vor Ende der Garzeit die Bohnenkerne in einem Sieb abtropfen lassen und mit den Kasselerwürfeln zum Sauerkraut geben. Beides heiß werden lassen, den Eintopf mit Salz und Pfeffer abschmecken und mit Petersilie bestreuen.

Die Speckscheiben auf einem mit Backpapier ausgelegten Backblech im Backofen einige Minuten knusprig werden lassen. Anschließend herausnehmen, auf Küchenpapier entfetten und kalt werden lassen.

Den Eintopf auf Teller verteilen und jeweils mit einer knusprigen Speckscheibe garnieren.

Tipp

Alternativ zu den weißen Bohnen frisch gekochte, klein geschnittene grüne Bohnen mit Speckwürfeln unter das Kraut heben und mit etwas Sahne verfeinern.

Jeärschtesupp

(Graupensuppe)

Für 4 Personen

150 g Gerstengraupen
1 Zwiebel
60 g Möhre
60 g Knollensellerie
60 g Lauch
50 g Speck
2 EL Sonnenblumenöl
75 ml trockener Ahr-Weißwein
600 ml Gemüse- oder
Geflügelbrühe
150 ml Sahne
1 EL frisch gehackte Kräuter
(z. B. Petersilie, Schnittlauch)
Salz, Pfeffer
Muskatnuss

Die Gerstengraupen waschen und in einem Sieb abtropfen lassen. Die Zwiebel schälen und fein würfeln. Die Möhre und den Sellerie putzen, schälen und ebenso fein würfeln. Den Lauch putzen, waschen, halbieren, erst in Streifen, dann in Würfel schneiden. Den Speck fein würfeln.

Das Öl in einem Topf erhitzen und die Zwiebel darin glasig anschwitzen. Die Speckwürfel und die Graupen zugeben und mitanschwitzen. Mit dem Weißwein ablöschen und einkochen, bis die Flüssigkeit fast verkocht ist. Mit der Brühe auffüllen und bei geringer Temperatur ca. 50 Minuten köcheln. Die Suppe mehrmals umrühren, damit die Graupen nicht am Topfboden festkochen.

Ca. 10 Minuten vor Ende der Garzeit die Gemüsewürfel zur Suppe geben. Zum Schluss die Sahne zugießen und mit Kräutern, Salz, Pfeffer und frisch geriebener Muskatnuss würzig abschmecken.

Tipp

Für die vegetarische Variante lassen Sie den Speck weg und verwenden Gemüsebrühe.

Pitter un Jupp
(Wirsing-Möhren-Eintopf)

Für 4 Personen

500 g Wirsing
500 g Möhren
500 g mehligkochende
Kartoffeln
50 g Knollensellerie
½ Stange Lauch
150 g Speck
1 EL Butterschmalz
50 ml trockener Ahr-Weißwein
500 ml Gemüsebrühe
4 Mettwürste oder gekochte
Rippchen
1 Bund Petersilie
Salz, Pfeffer

Den Wirsing putzen, waschen, den harten Strunk herausschneiden und die Wirsingblätter in feine Streifen schneiden. Die Möhren, Kartoffeln und den Sellerie waschen, schälen und fein würfeln. Den Lauch putzen, waschen und in Ringe schneiden. Den Speck in Streifen schneiden.

In einem Topf den Speck anbraten, das Butterschmalz zugeben und die Wirsingstreifen darin unter Rühren anschwitzen. Mit Weißwein ablöschen. Das restliche Gemüse zugeben und mit Gemüsebrühe auffüllen. Bei geringer Temperatur ca. 45 Minuten köcheln.

Die Mettwürste oder Rippchen ca. 10 Minuten vor Ende der Garzeit zum Eintopf geben und erwärmen. Die Petersilie waschen, trocken schütteln und die Blättchen von den Stängeln zupfen und hacken.

Nach Belieben den Eintopf grob zerstampfen, damit er sämiger wird. Mit Salz und Pfeffer abschmecken und mit Petersilie bestreut servieren. Dazu passt frisches Bauernbrot mit Butter.

Info

Peter und Josef waren einst häufige Namen, aber auch zusammengezogen als Peter-Josef war der Vorname verbreitet. In diesem Gericht vermischen sich also Vornamen wie Wirsing und Möhren.

Kwälmänner mit Kräutersoß

(Pellkartoffeln mit Kräutersauce)

Für 4 Personen

300 g gemischte Kräuter
(z. B. Petersilie, Schnittlauch,
Sauerampfer, Dill, Borretsch,
Kresse, Kerbel)
2 Zwiebeln
1 EL Essig
2 EL Pflanzenöl
250 g Schmand
150 g Naturjoghurt
Salz, Pfeffer
4 Eier
500 g festkochende Kartoffeln
Zucker

Alle Kräuter verlesen, gründlich waschen und trocken schleudern. Die Zwiebeln schälen. Zusammen mit den Kräutern fein wiegen oder hacken und in eine große Schüssel geben. Mit Essig, Öl, Schmand und Joghurt verrühren, mit Salz und Pfeffer würzen. Zugedeckt an einem kühlen Ort mindestens 60 Minuten ziehen lassen.

Inzwischen die Eier hart kochen, abschrecken und auskühlen lassen. Die Kartoffeln waschen, in leicht gesalzenem, kochendem Wasser weich garen, abgießen und etwas abkühlen lassen.

Die Eier pellen, grob hacken und unter die Kräutersauce rühren. Nochmals mit Salz, Pfeffer und 1 Prise Zucker abschmecken, weitere 15 Minuten ziehen lassen. Die Kräutersauce zu den Pellkartoffeln servieren.

Tipp

Sie können statt einer Kräutersauce auch einen Kräuterquark herstellen. Dann die gehackten Kräuter, Zwiebeln und Eier mit 250 g Magerquark und 125 g Schmand oder saurer Sahne verrühren.

Hongslatze

(Löwenzahn-Kartoffelsalat)

Für 4 Personen

Salat
600 g festkochende Kartoffeln
Salz
150 g junger Löwenzahn
100 g Speck

Dressing
½ Knoblauchzehe
¼ Bund Borretsch
½ Bund Schnittlauch
4 EL weißer Balsamicoessig
6 EL Olivenöl
1 TL Senf
1 TL Honig
Gemüsebrühe, nach Belieben
Salz, Pfeffer

Die Kartoffeln waschen und in einem Topf mit wenig gesalzenem Wasser je nach Größe weich kochen. Die Kartoffeln abgießen, ausdämpfen lassen, schälen, in Würfel schneiden und vollständig auskühlen lassen. Den Löwenzahn putzen, waschen, trocken schleudern und gegebenenfalls halbieren oder dritteln. Den Speck in Streifen schneiden, in einer Pfanne braten und herausnehmen.

Für das Dressing die Knoblauchzehe schälen und fein hacken. Den Borretsch waschen, trocken schütteln und hacken. Den Schnittlauch waschen, trocken schütteln und in Röllchen schneiden. Aus Balsamicoessig, Olivenöl, Senf, Honig, Knoblauchwürfeln und den Kräutern eine Salatsauce herstellen. Nach Belieben mit etwas heißer Gemüsebrühe abschmecken und mit Salz und Pfeffer würzen.

Die Sauce mit den Kartoffelwürfeln, den Löwenzahnblättern und den Speckstreifen vorsichtig mischen. Den Salat kurz ziehen lassen und vor dem Servieren nochmals abschmecken.

Servieren Sie dazu gratinierten Ziegenkäse.

Info

Löwenzahn wird volkstümlich neben Hongslatze unter anderem auch Märzenbusch oder Pusteblume genannt. Auf Märkten gibt es Zuchtlöwenzahn aus Frankreich, zum Beispiel die Sorte „Vollherziger".

Kaapes-Terdisch
(Sauerkraut-Kartoffelbrei-Gericht)

Für 4 Personen

2 Zwiebeln
750 g frisches Sauerkraut
100 ml trockener Ahr-Weißwein
Salz, Pfeffer
1 Lorbeerblatt
1 kg mehligkochende
Kartoffeln
ca. 250 ml Milch
50 g Butter
Muskatnuss
50 g Speckwürfel

Die Zwiebeln schälen, eine davon halbieren und in Streifen schneiden, die andere fein würfeln. Das Sauerkraut mit dem Weißwein in einen Topf geben, salzen, pfeffern und die Zwiebelstreifen sowie das Lorbeerblatt zufügen. Ca. 60 Minuten bei geringer Temperatur köcheln.

Inzwischen die Kartoffeln waschen, schälen und je nach Größe halbieren oder vierteln. Die Kartoffeln in ausreichend kochendem Salzwasser garen. Abgießen, etwas ausdämpfen lassen und durch eine Kartoffelpresse drücken. Die Milch erhitzen und zur Kartoffelmasse geben. Die Butter zufügen und die Masse zu einem glatten Püree verarbeiten. Mit Salz und frisch geriebener Muskatnuss abschmecken. Zum Schluss das Sauerkraut unter das Püree heben.

Die Speckwürfel in einer Pfanne auslassen und die Zwiebelwürfel darin glasig anschwitzen. Den Kaapes-Terdisch auf tiefe Teller verteilen und darauf die Speck-Zwiebel-Mischung geben.

Tipp

Dazu schmecken Blut-, Leber-, Mett- oder grobe Bratwürste und Salat. Auch gedünstete Apfelspalten passen zum Kaapes-Terdisch.

Dicke Bohnen mit Mettwurst

Für 4 Personen

2 kg Dicke Bohnen in der Hülse
oder
500 g tiefgekühlte
Dicke Bohnen
Salz
1 Stängel Bohnenkraut
1 große Zwiebel
300 g luftgetrocknete
Mettwurst mit Fenchel
2 getrocknete Tomaten
3 EL Olivenöl
100 ml trockener Ahr-Weißwein
300 ml Gemüsebrühe
Pfeffer

Die frischen Bohnenkerne aus den Hülsen pulen. In kochendem, gesalzenem Wasser ca. 10 Minuten garen, abgießen, kalt abschrecken und abtropfen lassen. Die Kerne aus den Häutchen herausdrücken. Die tiefgekühlten Dicken Bohnen auftauen lassen.

Das Bohnenkraut waschen, trocken schütteln und die Blättchen von den Stielen zupfen. Die Zwiebel schälen und fein würfeln. Die Mettwurst in Scheiben schneiden. Die getrockneten Tomaten fein hacken.

Das Öl in einem Topf erhitzen und die Zwiebelwürfel darin anbraten. Die Bohnenkerne zufügen, mit Weißwein ablöschen und mit Gemüsebrühe angießen. So lange schmoren, bis die Zwiebelwürfel glasig und die Bohnenkerne weich sind. Anschließend die Mettwurst und das Bohnenkraut hinzufügen. Mit Salz und Pfeffer abschmecken.

Dazu Kartoffelpüree und kurz gebratenen Lammrücken oder gegrilltes Hähnchen servieren.

Tipp

Die Mettwurst mit Fenchel gibt den Dicken Bohnen den mediterranen Touch. Sie können aber auch normale luftgetrocknete Mettwurst verwenden.

Himmel und Ärd

Für 4 Personen

Kartoffelpüree
800 g mehligkochende
Kartoffeln
Salz
125 ml Milch
Muskatnuss
50 g Butter

Apfelpüree
500 g Äpfel
(z. B. Boskop oder Elstar)
½ Vanilleschote
50 ml trockener Ahr-Weißwein
50 ml Wasser
1 Zimtstange
Zucker, nach Geschmack

Blutwurst
1 Zwiebel
250 g Blutwurst
(z. B. geräuchert im Naturdarm)
Weizenmehl zum Wenden
2 EL Pflanzenöl
Salz

Außerdem
4 kleine Petersilienstängel

Für das Kartoffelpüree die Kartoffeln waschen, schälen und vierteln. Die Kartoffeln in ausreichend Salzwasser weich kochen. Das Wasser abgießen und die Kartoffeln mit einem Kartoffelstampfer zerdrücken. Die Milch erwärmen und unter Rühren zum Püree geben. Mit Salz und frisch geriebener Muskatnuss abschmecken. Zum Schluss die Butter unterrühren.

Für das Apfelpüree die Äpfel schälen, vierteln und dabei das Kerngehäuse entfernen. Die Vanilleschote längs halbieren und das Mark herauskratzen. Die Äpfel mit Weißwein, Wasser, Zimtstange und Vanillemark in einen Topf geben. Bei niedriger Temperatur ca. 10–15 Minuten weich kochen. Die Zimtstange entfernen, die Äpfel pürieren und nach Geschmack mit Zucker süßen.

Für die Blutwurst die Zwiebel schälen und in Ringe schneiden. Die Blutwurst in Scheiben schneiden, in Mehl wenden und in einer Pfanne im heißen Öl von beiden Seiten braten. Die Blutwurstscheiben herausnehmen, auf Küchenpapier abtropfen lassen und warm stellen. Die Zwiebelringe ebenfalls in Mehl wenden und im verbliebenen Bratfett knusprig braten. Nach Geschmack salzen.

Die Petersilienstängel waschen und trocken schütteln. Das Kartoffel- und Apfelpüree jeweils zur Hälfte in tiefen Tellern anrichten. Die Blutwurstscheiben darauf verteilen und mit Zwiebelringen und jeweils einem Petersilienstängel garniert servieren.

Info

Die Bezeichnung kommt von den Äpfeln, die an den Bäumen (im „Himmel") wachsen, und den Kartoffeln, die aus der Erde (der „Hölle") kommen. In manchen Gegenden wird Himmel und Erde auch getrennt als Kartoffel- und Apfelmus serviert. Jeder mischt dann nach Belieben.

Alt-Eifler Schmorbraten

Für 4 Personen

Schmorbraten
1 kg Schweinenacken
ohne Knochen
Salz, Pfeffer
4 Zwiebeln
1 EL Kreuzkümmelsamen
1 Flasche (0,5 l) Malzbier
5 EL Weißweinessig
5 EL flüssiger Honig
1 EL Sonnenblumenöl
3 Lorbeerblätter
4 Pimentkörner
Speisestärke, nach Belieben

Rotkohl
500 g Rotkohl
1 Zwiebel
2 EL Butterschmalz
200 ml Apfelsaft
6 EL Rotweinessig
Salz, Pfeffer
Zucker
1 Lorbeerblatt
2 Nelken

Den Backofen auf 200 °C Ober- und Unterhitze vorheizen.
Für den Schmorbraten das Fleisch waschen, trocken tupfen und mit Salz und Pfeffer einreiben. Die Zwiebeln schälen und in Ringe schneiden. In einer Pfanne ohne Fett den Kreuzkümmel anrösten. Noch warm in einen Mörser geben und fein mörsern. Das Malzbier mit Essig, Honig und Kreuzkümmel verrühren, bis der Honig sich aufgelöst hat.

Den Boden eines Bräters mit Sonnenblumenöl einstreichen und die Zwiebelringe hineingeben. Die Lorbeerblätter sowie die Pimentkörner zugeben und das Fleisch darauflegen. Mit der Malzbier-Würzflüssigkeit angießen, bis das Fleisch halb bedeckt ist. Den Bräter mit einem Deckel gut verschließen und das Fleisch im Backofen ca. 90 Minuten schmoren.

Nach der Garzeit den Schmorbraten aus dem Bräter nehmen und warm halten. Den Bratfond durch ein Sieb streichen und nach Belieben mit in kaltem Wasser angerührter Speisestärke zur gewünschten Saucenkonsistenz binden. Die Sauce mit Salz und Pfeffer abschmecken.

Für den Rotkohl die äußeren Blätter entfernen, den Kohl halbieren, den Strunk herausschneiden und die Kohlblätter in feine Streifen schneiden. Die Zwiebel schälen und fein würfeln. In einem Topf das Butterschmalz zerlassen und den Rotkohl darin anschmoren. Die Zwiebelwürfel zugeben und mitschmoren. Den Apfelsaft und Essig angießen und kräftig mit Salz, Pfeffer und einer großzügigen Prise Zucker würzen. Das Lorbeerblatt mit Nelken spicken und zum Kohl geben. Den Rotkohl bei geringer Temperatur abgedeckt ca. 60 Minuten köcheln. Nach Ende der Garzeit das Lorbeerblatt entfernen und den Rotkohl nochmals abschmecken.

Den Schmorbraten in Scheiben schneiden und mit der Sauce und dem Rotkohl servieren. Dazu passen Kartoffelklöße.

Tipp

Werden die Gewürze für den Rotkohl vor der Verwendung in einem Topf ohne Fett geröstet, bis sie knistern, bekommt der Kohl ein intensiveres Aroma.

Ferkesbuchrouladen

(Schweinebauchrouladen)

Für 4 Personen

500 g frischer Schweinebauch
1 Dose (212 g) Weinsauerkraut
1 Zwiebel
3 Zweige Thymian
1 EL Kreuzkümmelsamen
Salz, Pfeffer
2 EL Senf
2 EL Sonnenblumenöl
Speisestärke, nach Belieben
2 EL Schmand

Den Schweinebauch waschen, trocken tupfen und in ca. 1 cm dicke Scheiben schneiden. Die Scheiben einzeln zwischen einen aufgeschnittenen Gefrierbeutel legen und mit dem Fleischklopfer oder dem Boden einer Bratpfanne etwas flach klopfen.
Das Sauerkraut abtropfen lassen. Die Zwiebel schälen und würfeln. Den Thymian waschen, trocken schütteln, die Blättchen von den Zweigen zupfen und hacken. In einer Pfanne ohne Fett die Kreuzkümmelsamen anrösten. Noch warm in einen Mörser geben und fein mörsern.

Die Schweinebauchscheiben von beiden Seiten mit Salz und Pfeffer würzen. Dann auf einer Seite mit Senf bestreichen, darauf Thymian und etwas Kreuzkümmel streuen. Die Zwiebelwürfel und das auseinandergezupfte Sauerkraut auf die Scheiben geben, aufrollen und mit einem Zahnstocher befestigen.
In einem Topf das Öl heiß werden lassen und die Rouladen darin von allen Seiten anbraten. 250 ml Wasser angießen und abgedeckt ca. 30 Minuten schmoren. Nach Ende der Schmorzeit die Rouladen aus dem Topf nehmen und warm halten. Die Sauce nach Belieben mit in etwas kaltem Wasser angerührter Speisestärke zur gewünschten Konsistenz binden. Den Schmand unterrühren und mit Salz und Pfeffer abschmecken.

Dazu schmeckt selbst gemachtes Kartoffelpüree.

Tipp

Der Kreuzkümmel gibt der Roulade den gewissen Pfiff. Wer keinen zur Hand hat, kann der Einfachheit halber auf gemahlenen Kümmel zurückgreifen.

Frischlingsrücken in der Schwarzbrotkruste

Für 4 Personen

1 kg Frischlingsrücken
ohne Knochen
Salz, Pfeffer
100 g Speck
1 Zwiebel
1 Möhre
1 Stange Lauch
1 Tomate
2 EL Butterschmalz
trockener Ahr-Rotwein
200 g Schwarzbrot
2 Eigelb
Zimtpulver

Den Backofen auf 180 °C Ober- und Unterhitze vorheizen.
Den Frischlingsrücken waschen, trocken tupfen und mit Salz und
Pfeffer würzen. Den Speck würfeln. Die Zwiebel schälen und würfeln.
Die Möhre putzen, schälen und klein schneiden. Den Lauch putzen,
waschen und in Ringe schneiden. Die Tomate waschen, den Strunk
entfernen und das Fruchtfleisch würfeln.

In einem Bräter das Butterschmalz erhitzen. Das Fleisch mit den
Speckwürfeln hineingeben und rundherum scharf anbraten. Die
Zwiebelwürfel und das Gemüse zufügen und mit anschmoren. Mit
300 ml Rotwein angießen und das Fleisch abgedeckt im Backofen
ca. 45 Minuten schmoren.

In der Zwischenzeit aus dem zerkrümelten Schwarzbrot, den Eigelben, einer Prise Zimt, Salz und Pfeffer im Mixer eine Paste rühren.
Einen Schuss Rotwein hinzufügen, sodass eine geschmeidige Masse
entsteht.

Das Fleisch aus dem Ofen nehmen und mit der Paste bestreichen.
Zurück in den Backofen schieben und ohne Deckel ca. 10–12 Minuten
knusprig fertig braten.

Das Fleisch in Scheiben geschnitten mit Sellerie- oder Kürbispüree
servieren.

Tipp

*Das Fleisch ist gar, wenn man mit einer Fleischgabel hineinsticht und es
leicht von der Gabel rutscht.*

Forelle mit Birnen, Walnüssen und Urkarottenpüree

Für 4 Personen

Forellen
4 küchenfertige Forellen
(à ca. 250 g)
Salz, Pfeffer
4 EL Olivenöl

Urkarottenpüree
300 g Urkarotten
25 g Butter
Salz

Birne und Walnüsse
1 Birne
20 g Butter
20 g Zucker
25 g Walnusskerne

Den Backofen auf 150 °C Ober- und Unterhitze vorheizen.
Die Forellen waschen und trocken tupfen. Außen und innen mit Salz und Pfeffer würzen. In einer Pfanne das Olivenöl heiß werden lassen. Die Forellen von beiden Seiten anbraten und in eine Auflaufform legen. Im Backofen ca. 20 Minuten fertig garen.

Die Urkarotten putzen, schälen und würfeln. In etwas Wasser mit der Butter ca. 12 Minuten garen, dann abgießen. Die weichen Karottenstücke in einem Mixer pürieren und mit Salz abschmecken.

Die Birne schälen, das Kerngehäuse entfernen und das Fruchtfleisch in Spalten schneiden. In der heißen Butter in einer Pfanne ca. 3–5 Minuten bissfest braten. In einer separaten Pfanne den Zucker schmelzen lassen. Die Walnüsse zum Zucker geben und unter Rühren karamellisieren. Auf ein mit Backpapier ausgelegtes Blech legen und auskühlen lassen.

Die Forellen auf Tellern mit dem Urkarottenpüree, den Birnenspalten und den Walnüssen anrichten und servieren.

Tipp

Servieren Sie die Forelle mit frischen Kräutern, zum Beispiel mit einigen Kerbelblättchen.

Knudeln

(Kleine Mehlklößchen)

Für 4 Personen

500 g Weizenmehl
3 Eier
Salz
Milch
2 EL Butter
Zimtpulver
Zucker

Das Mehl, die Eier, ½ TL Salz und etwas Milch zu einem festen Teig verarbeiten.

In einem Topf ausreichend Salzwasser zum Kochen bringen. Mit einem Teelöffel kleine Kugeln vom Teig abstechen und ca. 10 Minuten im Wasser ziehen lassen. Wenn sie oben schwimmen, mit einer Schaumkelle herausnehmen und in einem Sieb abtropfen lassen.

In einer Pfanne die Butter zerlassen und die Knudeln darin kurz schwenken. Mit Zimt und Zucker bestreut servieren.

Dazu passen eingemachte Birnen oder Apfelpüree (siehe Seite 23).

Wellkar

(Buchweizen-Pfannkuchen)

‹ Foto

Für ca. 12 Stück

2 Eier
150 g Buchweizenmehl
250 ml Milch
1 TL Salz
3 EL Zucker
1 TL Zimtpulver
2 Msp. Backpulver
2–3 EL Butterschmalz
Rübenkraut oder Ahornsirup,
nach Belieben

Die Eier trennen. Die Eiweiße steif schlagen. Das Buchweizenmehl mit den Eigelben, der Milch, Salz, Zucker und Zimt verrühren. Den Teig ca. 10 Minuten quellen lassen. Zum Schluss das Backpulver und den Eischnee unterheben.

Das Butterschmalz in einer Pfanne erhitzen. Aus dem Teig nacheinander goldgelbe Pfannkuchen backen, bis der Teig aufgebraucht ist. Auf Küchenpapier abtropfen lassen.

Die Wellkar noch warm mit Rübenkraut oder Ahornsirup servieren. Dazu passt eingemachtes Obst.

Info

Der Eischnee macht die Buchweizen-Pfannkuchen besonders luftig und locker. Buchweizen bezeichnet man auch als Heidekorn oder Hedelich, deshalb heißt das Gericht in der Eifel auch Heidschkooche oder Hedelischkooche.

Der Hunsrück ist landschaftlich reizvoll: Wald und Ackerland, so weit das Auge reicht, eingerahmt von Rhein, Mosel, Saar und Nahe. Die ursprüngliche, traumhafte Landschaft lässt schnell vergessen, dass die Menschen früher dem Boden die Ernte geradezu abtrotzen mussten. Die Kartoffel war neben dem Brot lange Zeit das Grundnahrungsmittel. Doch die Hunsrücker wussten aus einfachen Zutaten Gutes zu machen. Gefüllte Klöße sind bis heute ein Festtagsgericht, und für Kartoffelwürste lassen Hunsrücker manch anderes Essen stehen. Bäuerlich einfache und deftige Speisen, wie Spießbraten und durchsäuertes Brot sind Spezialitäten.

Hunsrück

Kohlrübencremesuppe

Für 4 Personen

Suppe
700 g Kohlrüben (Steckrüben)
200 g mehligkochende Kartoffeln
3 Äpfel
1 Bund Petersilie
3 EL Butter
gemahlener Kreuzkümmel
50 ml trockener Weißwein
von der Nahe
1 l Gemüsebrühe
100 ml Apfelsaft
2 EL Crème fraîche
Salz, Pfeffer

Einlage
4 Wachtelbrustfilets
Salz, Pfeffer
2 EL Sonnenblumenöl

Die Kohlrüben, Kartoffeln und 2 Äpfel waschen, schälen, von den Äpfeln das Kerngehäuse entfernen und das Gemüse sowie die Äpfel fein würfeln. Die Petersilie waschen, trocken schütteln und die Blättchen von den Stängeln zupfen.

2 EL Butter in einem Topf erhitzen und das Gemüse mit 1 Prise Kreuzkümmel darin anschwitzen. Mit dem Weißwein ablöschen und etwas einreduzieren lassen. Mit Gemüsebrühe und Apfelsaft auffüllen. Die Suppe bei geringer Temperatur ca. 15–20 Minuten köcheln. Anschließend die Suppe pürieren, anschließend 1 EL Butter und die Petersilie zugeben und nochmals fein mixen. Mit Crème fraîche verfeinern und mit Salz und Pfeffer abschmecken.

Die Wachtelbrustfilets waschen, trocken tupfen, salzen und pfeffern. In einer Pfanne das Öl erhitzen und das Fleisch darin von beiden Seiten ca. 1–2 Minuten, je nach Größe, braten. Anschließend nochmals würzen. Den letzten Apfel schälen, das Kerngehäuse entfernen und den Apfel vierteln.

Die Suppe auf Teller verteilen. Jeweils ein Apfelviertel pro Teller in die Suppe reiben und mit in Scheiben geschnittenen Wachtelbrustfilets anrichten.

Tipp

Statt Wachtelbrustfilets schmecken auch geräucherte Entenbrustfiletscheiben hervorragend zur Suppe.

Linseneintopf

Für 4 Personen

2 Zwiebeln
300 g braune Tellerlinsen
2 EL Sonnenblumenöl
1 TL getrockneter Majoran
1,5 l Gemüsebrühe
2 große festkochende Kartoffeln
2 Möhren
1 Stange Lauch
2 Paar scharfe Würste (z. B.
Debreziner oder Wiener Würste)
150 g rote Linsen
Salz, Pfeffer
2 EL dunkler Balsamicoessig
2 EL Apfelessig

Die Zwiebeln schälen und in kleine Würfel schneiden. Die braunen Linsen waschen und in einem Sieb abtropfen lassen. In einem großen Topf das Öl erhitzen, die Zwiebelwürfel darin anschwitzen, die braunen Linsen und den Majoran zugeben. Mit der Gemüsebrühe aufgießen, aufkochen und ca. 25 Minuten bei geringer Temperatur köcheln.

In der Zwischenzeit die Kartoffeln waschen, schälen und in kleine Würfel schneiden. Die Möhren ebenfalls schälen und in kleine Stifte schneiden. Den Lauch waschen, putzen und in dünne Ringe schneiden. Die Würste in Scheiben schneiden.

Nach ca. 25 Minuten die Kartoffelwürfel, Möhrenstifte und Lauchringe zu den Linsen geben, erneut aufkochen lassen und den Eintopf weitere 15 Minuten bei geringer Temperatur garen.

Die roten Linsen mit Wasser abspülen, nach der Garzeit in den Eintopf geben und alles weitere ca. 15 Minuten köcheln. Mit Salz, Pfeffer, Balsamicoessig und Essig pikant abschmecken und mit den Wurstscheiben servieren.

Dieses Gericht lässt sich sehr gut am nächsten Tag wieder aufwärmen. Zusammen mit frischem Brot ist es eine sättigende Hauptmahlzeit.

Tipp

Sollten Sie keine roten Linsen zur Hand haben, nehmen Sie am Anfang der Kochzeit entsprechend mehr braune Linsen. Probieren Sie auch würzige Mettwurst oder Meenzer Fleischwurst als Einlage.

Schnippelbohnesupp
(Stangenbohnensuppe)

Für 4 Personen

1 Schalotte
2 Stängel Bohnenkraut
300 g Stangenbohnen
Salz
Zucker
1 EL Butter
50 g Speckwürfel
75 ml trockener Weißwein
von der Nahe
600 ml Gemüsebrühe
100 ml Sahne
Pfeffer
Muskatnuss
Speisestärke, nach Bedarf

Die Schalotte schälen und fein würfeln. Das Bohnenkraut waschen, trocken schütteln und die Blättchen hacken. Die Bohnen waschen, putzen und schräg in dünne Streifen schneiden. In kochendem Wasser mit etwas Salz und Zucker bissfest garen und in Eiswasser abschrecken.

In einem Topf die Butter erhitzen und die Speck- und Schalotten- würfel darin anschwitzen. Das Bohnenkraut zugeben, mit Weißwein ablöschen, etwas einkochen und mit Gemüsebrühe auffüllen. Die Bohnenstreifen zugeben und bei geringer Temperatur weich garen.

Den Eintopf mit Sahne, Pfeffer und frisch geriebener Muskatnuss abschmecken. Nach Bedarf mit in kaltem Wasser angerührter Speisestärke sämig binden.

Tipp

Eine gewürfelte, mehligkochende Kartoffel, die mitgekocht wird, erspart das Binden mit Speisestärke.

Hunsricker Soleier mit Senfsoß

Für 12 Stück

**Soleier
(2–3 Tage Standzeit)**
12 Eier
1 l Wasser
60 g Salz
1 TL Zucker
1 TL Kümmelsamen
1 TL schwarze Pfefferkörner
3 Pimentkörner
1 Lorbeerblatt
Schale von 1 braunen Zwiebel
1 Stängel Dill

Senfsauce
½ Bund Schnittlauch
¼ Bund Dill
150 g Naturjoghurt
3 EL saure Sahne
2 TL Senf
Salz, Pfeffer

Die Eier mit einem Eierstecher anstechen. In einem großen Topf Wasser aufkochen, die Eier hineingeben und ca. 10 Minuten hart kochen. Abgießen und abschrecken. Jedes Ei auf einer harten Unterlage leicht anschlagen, sodass die Schale ringsherum Risse bekommt. Anschließend die Eier in ein bzw. zwei große Einmachgläser schichten.

Das Wasser mit dem Salz, Zucker, den Gewürzen, der Zwiebelschale und dem gewaschenen Dill aufkochen. So lange rühren, bis sich das Salz aufgelöst hat. Die Salzlösung etwas abkühlen lassen und noch warm über die Eier gießen, bis sie vollständig bedeckt sind. Mindestens 24 Stunden, besser 2–3 Tage im Kühlschrank ziehen lassen.

Vor dem Servieren für die Senfsauce den Schnittlauch waschen, trocken schütteln und in Röllchen schneiden. Den Dill waschen, trocken schütteln, die Spitzen von den Stängeln zupfen und hacken. Den Joghurt und die saure Sahne mit dem Senf verrühren. Die Kräuter unterheben und mit Salz und Pfeffer abschmecken.

Die Soleier mit der Senfsauce servieren.

Info

Die Soleier halten sich ca. 5 Tage in dem Sud, werden aber mit der Zeit etwas salziger.

Grummbierwurscht mit Mauseohrsalat

(Kartoffelwurst mit Feldsalat)

Für 4 Personen

**Grummbierwurscht
(für ca. 15 Stück)**
500 g Schweinebauch
300 g Suppenfleisch vom Rind
250 g Dörrfleisch
Salz
2 kg festkochende Kartoffeln
500 g Zwiebeln
2 Stängel Majoran
2 Zweige Thymian
2 Stängel Bohnenkraut
Pfeffer
Muskatnuss
4–6 m küchenfertige
Bratwurstdärme

Mauseohrsalat
150 g Feldsalat
½ Bund glatte Petersilie
200 g mehligkochende Kartoffeln
Salz
4 EL Weißweinessig
200 ml Fleischbrühe
1 TL Honig
1 TL Senf
8 EL Sonnenblumenöl
Pfeffer

Außerdem
80 g Speckwürfel

Für die Kartoffelwurst den Schweinebauch und das Suppenfleisch waschen und trocken tupfen. Das Fleisch zusammen mit dem Dörrfleisch in einem Topf mit ausreichend Salzwasser bedeckt ca. 60 Minuten kochen, bis alle unterschiedlichen Fleischstücke weich sind. Aus dem Sud nehmen und trocken tupfen.

Die Kartoffeln waschen und schälen. Die Zwiebeln schälen. Beides mit dem Fleisch durch die mittlere Scheibe eines Fleischwolfs drehen. Die Kräuter waschen, trocken schütteln, die Blättchen abzupfen und hacken. Alles gut miteinander vermischen und nach Geschmack mit Salz, Pfeffer und frisch geriebener Muskatnuss würzen.

Die Kartoffel-Fleisch-Masse in die vom Metzger vorbereiteten Därme füllen und Würste von ca. 200 g Gewicht abdrehen und die Enden zubinden. Die Würste in ausreichend heißem Wasser ca. 2 Stunden ziehen lassen.

Für den Salat den Feldsalat putzen, waschen und trocken schleudern. Die Petersilie waschen, trocken schütteln, die Blättchen von den Stängeln zupfen und hacken. Die Kartoffeln waschen, schälen, in fingerbreite Stücke schneiden und in kochendem Salzwasser ca. 20 Minuten garen. Die Kartoffelstücke abgießen und mit dem Essig, der Brühe, dem Honig und Senf fein pürieren. Das Öl einrühren, mit Salz und Pfeffer abschmecken und zuletzt die Petersilie unterrühren.

Die Speckwürfel in einer Pfanne ohne Fett auslassen und auf Küchenpapier entfetten. Den Salat mit dem lauwarmen Dressing mischen und mit den Speckwürfeln bestreuen. Mit 2 in Scheiben geschnittenen Kartoffelwürsten servieren.

Tipp

Alternativ kann die Kartoffelwurst statt in Därme in sterile Einmachgläser gefüllt und im Wasserbad eingekocht werden. Je nach Einwaage kann die Garzeit ca. 1½–2 Stunden dauern.

Grummbierwaffele

(Kartoffelwaffeln)

Für ca. 10 Stück

Waffeln
4 mehligkochende Kartoffeln
250 g Weizenmehl
½ Würfel frische Hefe (21 g)
300 ml lauwarme Milch
1 Ei
Salz, Pfeffer

Obst
2 Pfirsiche
1 EL Butter
1 EL Zucker

Außerdem
Pflanzenöl zum Einfetten

Für die Waffeln die Kartoffeln waschen, schälen und fein reiben. Das Mehl in eine Schüssel sieben, in die Mitte eine Mulde drücken, die Hefe hineinbröckeln und in der lauwarmen Milch auflösen. Die restliche Milch zugeben und mit dem Ei und den geriebenen Kartoffeln zu einem leicht flüssigen Teig verrühren. Mit ½ TL Salz und einer kräftigen Prise Pfeffer würzen und den Teig abgedeckt an einem warmen Ort ca. 30 Minuten gehen lassen.

Das Waffeleisen aufheizen, mit einem Pinsel leicht einfetten, dann zuerst eine kleine Probewaffel goldbraun ausbacken und eventuell den Teig nachwürzen. Aus dem restlichen Teig knusprige Waffeln backen.

Die Pfirsiche waschen, trocken reiben, entsteinen und in Spalten schneiden. Die Pfirsichspalten in einer Pfanne in zerlassener Butter andünsten, mit Zucker bestreuen und karamellisieren lassen.

Die Waffeln mit den Fruchtspalten servieren.

Tipp

Statt frischen Obstspalten schmecken auch Apfelkompott oder Birnen-Quitten-Kompott sehr gut dazu. Anstelle von Obst können Sie auch einige gebratene Blutwurstscheiben dazu servieren.
Für die deftige Variante geben Sie in den Kartoffelwaffelteig 1 gewürfelte Zwiebel, 2 EL Schnittlauchröllchen und 125 g Speckwürfel.

Spießbraten mit Grummbiersalat

(Spießbraten mit Kartoffelsalat)

Für 6 Personen

Spießbraten
(24 Stunden Standzeit)
2 kg Schweinenacken am Stück
Salz, Pfeffer
3 Zwiebeln
edelsüßes Paprikapulver
Cayennepfeffer
1 kleine rote Paprikaschote
2 EL flüssiger Honig

Grummbiersalat
1,5 kg festkochende Kartoffeln
(z. B. Sorte Sieglinde)
Salz
1 Zwiebel
150 g Speck
3 EL Essig
500 ml Rinderbrühe
Pfeffer
1 TL Senf
½ Bund Schnittlauch
½ Bund Petersilie

Den Schweinenacken waschen und trocken tupfen. Der Länge nach aufschneiden, sodass eine ca. 2–3 cm dicke Roulade entsteht. Kräftig mit Salz und Pfeffer würzen.

Die Zwiebeln schälen, halbieren und in Streifen schneiden. Mit Salz, Paprikapulver und Cayennepfeffer würzen und gut vermengen. Die Paprikaschote waschen, Kerne und weiße Innenhäute entfernen und in Streifen schneiden. Das Fleisch mit den Zwiebel- und Paprikastreifen belegen. Aufrollen und mit Küchengarn zu einem Rollbraten binden. Nochmals würzen und im Kühlschrank ca. 24 Stunden durchziehen lassen.

Am nächsten Tag den Backofen auf ca. 200 °C Ober- und Unterhitze vorheizen oder den Holzkohlegrill (Vertikalgrill) anfeuern. Den Braten auf ein Backblech legen und je nach Dicke ca. 2,5–3 Stunden im Backofen schmoren. Für die Zubereitung auf dem Grill den Braten auf einen Grillspieß stecken und ebenfalls je nach Dicke ca. 2,5–3 Stunden grillen. Kurz vor Ende der Bratzeit noch mit Honig einpinseln.

Für den Kartoffelsalat die Kartoffeln waschen und ungeschält in ausreichend kochendem Salzwasser garen. Abgießen, etwas abkühlen lassen, pellen und in ca. ½ cm dicke Scheiben schneiden.

Für das Dressing die Zwiebel schälen und in kleine Würfel schneiden. Den Speck würfeln und in einer Pfanne knusprig ausbraten. Die Zwiebelwürfel zugeben und mitbraten. Mit Essig ablöschen und die Rinderbrühe angießen. Mit Salz, Pfeffer und Senf würzen. Das Dressing noch warm über die Kartoffelscheiben gießen. Die Kräuter waschen, trocken schütteln, den Schnittlauch in feine Röllchen schneiden, die Petersilienblättchen von den Stängeln zupfen und hacken. Die Kräuter unter den Kartoffelsalat heben. Den Salat kurz durchziehen lassen, mit Salz und Pfeffer abschmecken und lauwarm genießen.

Hunsricker Kappesrouladen

(Kohlrouladen)

Für 4 Personen

Kohl
1 Kopf Weißkohl
Salz

Füllung
1 Brötchen vom Vortag
3 Zwiebeln
750 g gemischtes Hackfleisch
2 Eier
Salz, Pfeffer
2 TL mittelscharfer Senf
edelsüßes Paprikapulver

Sauce
3 EL Sonnenblumenöl
1 EL Tomatenmark
1 l Gemüsebrühe
Speisestärke, nach Belieben
Salz, Pfeffer
Zucker

Den Kohl putzen, waschen und den Strunk keilförmig herausschneiden. Den Kohlkopf kurz in reichlich kochendes Wasser geben, herausheben und die äußeren 16 Blätter ablösen. Die Blattrippen flach schneiden und die Kohlblätter in kochendem Salzwasser in zwei Portionen ca 1–2 Minuten garen. Mit einer Schaumkelle herausheben und gut abtropfen lassen.

Das Brötchen in etwas kaltem Wasser einweichen. Die Zwiebeln schälen und würfeln. Das Brötchen gut ausdrücken und zerpflücken. Das Hackfleisch mit den Eiern, dem Brötchen, ein Drittel der Zwiebelwürfel verkneten und kräftig mit Salz, Pfeffer, Senf und Paprikapulver würzen. Je zwei Kohlblätter übereinanderlegen. Aus der Hackmasse acht längliche Klöße formen. Auf die Kohlblätter verteilen, diese zu einer Roulade aufwickeln und mit Küchengarn zusammenbinden.

Das Öl in einem Bräter erhitzen, Kohlrouladen unter Wenden kräftig anbraten und die restlichen Zwiebelwürfel mitbraten. Das Tomatenmark zufügen und anschwitzen. Mit der Brühe ablöschen, aufkochen und die Kohlrouladen darin ca. 45 Minuten bei mittlerer Temperatur schmoren. Anschließend die Rouladen aus dem Bräter heben und warm stellen.

Den Schmorfond durch ein Sieb streichen und in einem Topf aufkochen. Nach Belieben mit in kaltem Wasser angerührter Speisestärke zur gewünschten Konsistenz binden. Die Sauce vor dem Servieren mit Salz, Pfeffer und Zucker abschmecken.

Servieren Sie zu den Kappesrouladen mit Sauce luftigen Kartoffelstampf.

Info

Achten Sie beim Einkauf des Weißkohls darauf, dass der Kopf fest geschlossen ist und keine Schlagstellen hat. Er hält sich im Kühlschrank oder Keller ca. zwei Wochen.

Gekochtes Rindfleisch mit Meerrettichtunke

Für 4 Personen

Rindfleisch
1 kg mageres Rind- oder
Ochsenfleisch (am besten
von der Brust)
1 Bund Suppengrün
1 Zwiebel
2 Lorbeerblätter
2 Nelken
5 Pfefferkörner
Salz

Meerrettichtunke
2–3 cm Meerrettichwurzel
40 g Butterschmalz
40 g Weizenmehl
250 ml Fleischbrühe
(vom abgekochten Fleisch)
125 ml Sahne
Speisestärke, nach Belieben
Salz, Pfeffer
Zucker
1–2 EL Zitronensaft

Das Fleisch waschen und trocken tupfen. Das Suppengrün putzen, waschen, nach Bedarf schälen und in grobe Stücke schneiden. Die Zwiebel schälen. Das Fleisch mit dem Suppengrün, der Zwiebel, den Lorbeerblättern, den Nelken und den Pfefferkörnern in einen Topf mit Salzwasser geben. Das Fleisch muss gut mit Wasser bedeckt sein. Das Wasser aufkochen lassen, den weißen Schaum mit einem Schaumlöffel abschöpfen und das Fleisch bei niedriger Temperatur ca. 2–2,5 Stunden (je nach Fleischqualität) weich garen. Dann aus der Brühe nehmen und warm halten.

Für die Meerrettichtunke den Meerrettich schälen und fein reiben. Das Butterschmalz in einem Topf erhitzen und mit dem Mehl eine Mehlschwitze herstellen. Heiße Fleischbrühe vom Rindfleisch angießen und schnell glatt rühren. Die Sahne zugeben und aufkochen lassen. Nach Belieben mit etwas in kaltem Wasser angerührter Speisestärke zur gewünschten Konsistenz binden. Den Meerrettich zugeben und mit Salz, Pfeffer, Zucker und Zitronensaft abschmecken.

Das Fleisch in Scheiben schneiden und mit der Meerrettichtunke anrichten. Dazu passen Petersilienkartoffeln.

Info

Das Fleisch ist gar, wenn man mit einer Fleischgabel hineinsticht und es problemlos von der Gabel rutscht.

Dicke Kleeß mit Speckkraut

(Gefüllte Kartoffelklöße mit Specksauerkraut)

Für 4 Personen

Kleeß
1,5 kg mehligkochende Kartoffeln
2 Zwiebeln
1 Packung Kartoffelpulver für
Knödel halb & halb (für 12 Knödel)
Salz, Pfeffer
Muskatnuss
1 rote Chilischote
1 EL Rapsöl
300 g Bratwurstbrät
edelsüßes Paprikapulver
1 TL getrockneter Majoran

Speckkraut
150 g Speckwürfel
1 Dose (580 g) Sauerkraut
150 ml trockener Weißwein
von der Nahe
Salz
Zucker
Abrieb von 1 unbehandelten
Orange

Für die Klöße die Kartoffeln waschen und schälen. Die Zwiebeln schälen und eine zusammen mit den Kartoffeln auf einer Küchenreibe grob reiben. Die Masse mit dem Kartoffelpulver ohne Zugabe von Wasser vermischen. Mit Salz, Pfeffer sowie frisch geriebener Muskatnuss würzen und ca. 10 Minuten quellen lassen. Die übrig gebliebene Zwiebel in kleine Würfel schneiden. Die Chilischote waschen, Kerne und weiße Innenhäute entfernen und die Schote fein hacken.

Das Öl in einer Pfanne erhitzen und das Bratwurstbrät darin krümelig braten. Die Zwiebelwürfel zugeben und mitbraten. Mit Paprikapulver, Majoran und Chili kräftig würzen. Nach Geschmack noch salzen und pfeffern. Die Pfanne vom Herd nehmen und das Brät etwas abkühlen lassen.

Aus der Kartoffelmasse 8 große oder 12 kleinere Klöße formen und jeweils etwas von der Brät-Zwiebel-Mischung in einen Kloß drücken und wieder gut verschließen. Reichlich Salzwasser in einem großen Topf aufkochen, die Kartoffelklöße hineingeben und bei geringer Temperatur ca. 30 Minuten gar ziehen lassen.

Für das Kraut die Speckwürfel in einem Topf ohne Zugabe von Fett auslassen. Das Sauerkraut hinzufügen und den Weißwein angießen. Aufkochen und bei geringer Temperatur abgedeckt ca. 10–15 Minuten köcheln lassen. Mit Salz, Zucker und Orangenabrieb abschmecken.

Die gefüllten dicken Klöße mit dem Speckkraut servieren.

Tipp

Bratwurstbrät erhalten Sie beim Metzger Ihres Vertrauens. Oder Sie verwenden grobe Bratwürste und drücken das Brät aus dem Darm heraus.

Spanferkelrücken mit Füllsel

Für 6 Personen

1 Spanferkelrücken (ca. 2 kg)
150 g Schweineleber
200 g Speck
2 Brötchen vom Vortag
1 Zwiebel
4 gekochte Pellkartoffeln
3 Stängel Majoran
2 Eiweiß
200 g gemischtes Hackfleisch
Salz, Pfeffer
2 EL Pflanzenöl
1 Flasche (0,5 l) Bier

Den Backofen auf 180 °C Ober- und Unterhitze vorheizen. Den Spanferkelrücken von den Knochen trennen, das Fleisch waschen und trocken tupfen. Eine große Tasche hineinschneiden.

Für die Füllung die Leber waschen, trocken tupfen und fein würfeln. Den Speck würfeln. Die Brötchen in etwas Wasser einige Minuten einweichen, anschließend gut ausdrücken und zerpflücken. Die Zwiebel schälen und würfeln. Die Pellkartoffeln schälen und ebenfalls würfeln. Den Majoran waschen, trocken schütteln, die Blättchen von den Stängeln zupfen und hacken. Die Eiweiße steif schlagen. Alle Zutaten gut mit dem Hackfleisch vermischen und mit Salz und Pfeffer würzen.

Die Füllung in die Tasche des Fleischs geben und diese mit Küchengarn zunähen oder mit Zahnstochern feststecken. Das Fleisch mit Öl einreiben und mit Salz und Pfeffer würzen. In einen Bräter geben, mit Bier angießen und im Backofen ca. 2 Stunden backen. Ab und zu mit dem Bratfond begießen.

Zum Servieren den Spanferkelrücken in Scheiben schneiden. Dazu schmeckt frisch gebackenes Bauernbrot.

Info

Füllsel wird zum Füllen des Spanferkels oder von Geflügel verwendet und anschließend auch separat mit dem Braten am Tisch gereicht.

Marmorkuchen à la Hunsrück

Für ca. 15 Stücke

230 g weiche Butter
200 g Zucker
3 Eier
330 ml Sahne
1 Vanilleschote
330 g Weizenmehl
1 Päckchen Backpulver
1 Prise Salz
2 EL Kakaopulver

Außerdem
Butter für die Form
und zum Aufgehen
Weizenmehl für die Form

Den Backofen und ein Backblech darin auf 180 °C Ober- und Unterhitze vorheizen.

In einer Schüssel die Butter mit dem Zucker verrühren. Nach und nach die Eier und die Sahne unterrühren. Die Vanilleschote längs aufschneiden und das Mark herauskratzen. Das Mehl mit dem Backpulver, dem Vanillemark und etwas Salz vermischen und mit der Butter-Zucker-Sahne-Eier-Mischung zu einem glatten Teig verrühren. Der Teig sollte eher etwas flüssiger sein als zu fest.

Ein Drittel des Teigs abnehmen und das Kakaopulver unterrühren. Eine Kastenform (25 cm Länge) einfetten und mit Mehl ausstreuen, überschüssiges Mehl abklopfen. Ein Drittel des hellen Teigs einfüllen, darauf den dunklen Teig geben und zum Schluss den restlichen hellen Teig darüber verteilen. Ein Messer oder eine Gabel in einer Spiralbewegung durch den Kuchenteig ziehen, sodass ein Muster entsteht. Mit einem Pinsel einen feinen Strich aus weicher Butter oben mittig auf dem Kuchen ziehen, damit er beim Backen schön aufgeht.

Die Kastenform in den Backofen auf das heiße Backblech stellen und den Kuchen ca. 40 Minuten backen. Die Backofentemperatur auf 150 °C reduzieren und in ca. 20 Minuten fertig backen.

Überprüfen Sie mit einem Messer oder Holzstäbchen, ob der Kuchen fertig ist: Bleibt beim Hineinstechen kein Teig mehr kleben, ist der Kuchen fertig. Den Kuchen noch heiß aus der Form stürzen.

Tipp

Für diesen Kuchen sollten alle Zutaten die gleiche Temperatur haben! Besonders gut wird der Kuchen, wenn der Teig in der Form über Nacht im Kühlschrank ruhen kann. Der Marmorkuchen lässt sich also prima vorbereiten.

Apfelkuchen mit Guss

Für 12 Stücke

Teig
1 Würfel frische Hefe (42 g)
125 ml lauwarme Milch
3 EL Zucker
500 g Weizenmehl
100 g Butter
1 Prise Salz

Belag
1,3 kg Äpfel (z. B. Boskop)
1 EL Zucker
½ TL gemahlene Vanille

Guss
100 g weiche Marzipanrohmasse
2 Eier
200 ml Sahne
2 EL Weizenmehl
1 Prise Zimtpulver
Zucker

Außerdem
Butter für die Form
Weizenmehl zum Bearbeiten

Für den Teig die Hefe mit der Hälfte der warmen Milch verrühren und mit einer Prise Zucker und 100 g Mehl gut verkneten. Zu einer Kugel formen und in einer Schüssel abgedeckt bei Zimmertemperatur ca. 15 Minuten gehen lassen. In der Zwischenzeit die Butter zerlassen und etwas abkühlen lassen. Den Teig mit der flüssigen Butter und den restlichen Teigzutaten verkneten und nochmals an einem warmen Ort gehen lassen, bis er den doppelten Umfang erreicht hat.

Eine Springform (Ø 28 cm) einfetten. Den Teig auf einer leicht bemehlten Arbeitsfläche nochmals gut durchkneten und halbieren. Eine Teighälfte etwas größer als die Springform ausrollen und so hineinlegen, dass auch der Rand bedeckt ist. Den Backofen auf 200 °C Ober- und Unterhitze vorheizen. Den restlichen Teig einfrieren oder einen Hefezopf backen.

Für den Belag die Äpfel schälen, das Kerngehäuse entfernen und die Äpfel in Spalten schneiden. Den Zucker und die Vanille miteinander vermischen. Den Teig mit den Apfelspalten belegen und mit der Zucker-Vanille-Mischung bestreuen.

Für den Guss das Marzipan fein hacken und gut mit den Eiern verquirlen. Die Sahne mit dem Mehl, dem Zimt und nach Geschmack mit etwas Zucker verrühren. Alle Zutaten miteinander vermischen und gleichmäßig über die Apfelspalten gießen. Den Kuchen im Backofen ca. 35–40 Minuten backen.

Tipp

Für ein Blech dieses leckeren Kuchens verwenden Sie den gesamten Teig und verdoppeln den Belag und den Guss.

Krimmelkuche

(Streuselkuchen)

Für 1 Backblech

Hefeteig
500 g Weizenmehl
1 Würfel frische Hefe (42 g)
60 g Zucker
250 ml lauwarme Milch
1 Prise Salz
100 g weiche Butter
1 Ei

Streusel
150 g weiche Butter
150 g Zucker
1 Päckchen Vanillezucker
1 Prise Salz
1 Prise Zimtpulver
200 g Weizenmehl

Außerdem
Weizenmehl zum Bearbeiten
Butter für das Blech

Für den Hefeteig das Mehl in eine Schüssel sieben, in die Mitte eine Mulde drücken, die Hefe hineinbröckeln, den Zucker zugeben und die erwärmte Milch darübergießen. Das Salz und die Butter in Flöckchen am Rand verteilen. Wenn der Hefevorteig etwas gegangen ist, das Ei zugeben und alles zu einem Teig verkneten. Den Teig abgedeckt an einem warmen Ort ca. 30 Minuten gehen lassen.

Den Backofen auf 180 °C Ober- und Unterhitze vorheizen. Für die Streusel alle Zutaten miteinander verkneten.

Den Teig auf einer leicht bemehlten Arbeitsfläche ausrollen und auf ein gefettetes Backblech legen. Die Streusel gleichmäßig darauf verteilen. Im Backofen ca. 35–40 Minuten backen.

Tipp

Nach Belieben kann unter die Streusel noch eine dünne Schicht Fruchtkompott auf den Teig gestrichen werden.

Holunderkiechelcher

(Holunderküchlein)

Für 12 Stück

Holunderkiechelcher
4 Eier
30 g Zucker
Salz
80 g Weizenmehl
125 ml Milch
1 EL flüssige Butter
Pflanzenöl zum Frittieren
12 Holunderblütendolden
Puderzucker zum Bestreuen

Vanillesahne
1 Vanilleschote
125 ml Sahne
1 EL Zucker
Zimtpulver

Die Eier trennen. Die Eiweiße mit dem Zucker und einer Prise Salz zu Eischnee schlagen. Die Eigelbe mit dem Mehl, der Milch und flüssigen Butter verrühren. Den Eischnee unterheben.

In einer Pfanne reichlich Öl zum Frittieren heiß werden lassen. Die Holunderblüten kurz abspülen und gut trocken schütteln. Am Stiel festhalten und durch den Teig ziehen, etwas abtropfen lassen und im heißen Öl goldbraun ausbacken. Auf Küchenpapier abtropfen lassen. Mit Puderzucker bestreuen.

Für die Vanillesahne die Vanilleschote längs aufschneiden und das Mark herauskratzen. Die Sahne mit dem Zucker, Vanillemark und 1 Prise Zimt steif schlagen.

Die heißen Holunderkiechelcher mit Vanillesahne servieren.

Tipp

Dazu Holunderbeerenkompott reichen: 500 g Holunderbeeren waschen und von den Stielen zupfen. 150 g Zucker in einem Topf unter Rühren karamellisieren. Eine Zimtblüte und einen Sternanis zugeben und mit 100 ml Portwein ablöschen. Die Holunderbeeren zugeben und bei niedriger Temperatur ca. 5–8 Minuten köcheln. Mit in etwas kaltem Wasser angerührter Speisestärke zur gewünschten Konsistenz binden.

Diese Region erstreckt sich von Trier die Mosel entlang bis nach Koblenz. Hier bauen Winzer — oft in harter Arbeit auf steilen Hängen — internationale Spitzenweine an. Hier gründeten die Römer vor mehr als 2000 Jahren „Augusta Treverorum", das heutige Trier. Die Natur rechts und links der Mosel ist abwechslungsreich, mal lieblich, mal spektakulär. Ihr Ruf lockt Touristen aus dem In- und Ausland zur Schiffstour durch eine Bilderbuchlandschaft. Wein und Fluss bestimmen die Lebensart der Moselaner, genauso wie die Nähe zu Frankreich und Luxemburg. Das zeigt sich auch in den Rezeptbüchern und auf den Speisekarten: Moselaal und Muselfisch finden sich dort genauso wie Bauernsülze und Weinpudding oder Dippekuchen.

Mosel-Saar

Grupfter
(Würziger Käseaufstrich)

Foto ›

Für 4 Personen

1 Zwiebel
200 g zimmerwarmer Camembert
100 g weiche Butter
50 g Sahneschmelzkäse
Salz, Pfeffer
1 TL edelsüßes Paprikapulver
½ rote Zwiebel

Nach Belieben
2 EL Schnittlauchröllchen
2 EL gehackte Petersilie
gemahlener Kümmel

Die Zwiebel schälen und sehr fein würfeln. Den Camembert mit einer Gabel zerdrücken. Zwiebel und Käse mit Butter und Schmelzkäse verrühren. Mit Salz, Pfeffer und Paprikapulver abschmecken.

Nach Belieben mit Kräutern und Kümmel verfeinern. Vor dem Servieren abgedeckt im Kühlschrank einige Stunden ruhen lassen. Die Zwiebelhälfte schälen und in Streifen schneiden.

Den Gerupften mit den Zwiebelstreifen und mit frischem Brot oder Laugenbrezeln servieren.

Tipp

Der Camembert kann auch durch Brie ersetzt werden, beide sollten aber schon einen fortgeschrittenen Reifegrad haben – das macht den Grupften würziger.

Kartoffelkäse

Für 6 Personen

400 g mehligkochende
Kartoffeln
Salz
1 Zwiebel
½ Bund Schnittlauch
2 Stängel Dill
350 g saure Sahne
Cayennepfeffer

Die Kartoffeln waschen und ungeschält in ausreichend kochendem Salzwasser ca. 20–25 Minuten garen.

In der Zwischenzeit die Zwiebel schälen und fein würfeln. Den Schnittlauch und Dill waschen und trocken schütteln. Den Schnittlauch in Röllchen schneiden, die Dillspitzen von den Stängeln zupfen und fein hacken.

Die Kartoffeln abgießen, etwas ausdämpfen lassen, schälen und durch eine Kartoffelpresse drücken. Die Kartoffelmasse mit den Zwiebelwürfeln, den Kräutern und der sauren Sahne gut vermischen. Mit Salz und Cayennepfeffer kräftig abschmecken.

Den Kartoffelkäse mit frischem Bauernbrot servieren.

Tipp

Der Kartoffelkäse passt sehr gut zu Grillfleisch.

Bauernsülze mit Remoulade und Bratkartoffeln

Für 4 Personen

Sülze
(6 Stunden Standzeit)
1 kg Schweinebauch mit Schwarte
Salz
je 1 rote und gelbe Paprikaschote
2 Schalotten
150 g Essiggurken
1 Bund Petersilie
Pfeffer
2 EL Senf
18 Blatt Gelatine
1 l Kalbsfond

Remoulade
3 Eier
2 Schalotten
12 Cornichons
3 TL Kapern
6 EL Mayonnaise
250 g saure Sahne
1 Bund Schnittlauch
Salz, Pfeffer

Für die Sülze den Schweinebauch mit Schwarte in einem Topf mit leicht gesalzenem Wasser bedeckt ca. 1½–2 Stunden kochen. Anschließend aus dem Sud nehmen, die Schwarte abschneiden und das Fleisch in kleine Würfel schneiden. Die Paprikaschoten waschen, Kerne und weiße Innenhäute entfernen und das Fruchtfleisch fein würfeln. Die Schalotten schälen und würfeln. Die Essiggurken ebenfalls in kleine Würfel schneiden. Die Petersilie waschen, trocken schütteln, die Blättchen von den Stängeln zupfen und hacken. Alle Zutaten miteinander vermischen und kräftig mit Salz, Pfeffer und Senf würzen.

Die Gelatine ca. 10 Minuten in kaltem Wasser einweichen. Den Kalbsfond in einem Topf aufkochen. Die Gelatine gut ausdrücken und im Fond unter Rühren auflösen. Den Fond abkühlen lassen. Eine große Kasten- oder Terrinenform mit Frischhaltefolie auslegen. Die Schweinebauch-Gemüse-Mischung so in die Form füllen, dass sie zu zwei Dritteln gefüllt ist und mit dem Kalbsfond auffüllen, dass die Mischung knapp bedeckt ist. Die Sülze für mindestens 6 Stunden zum Festwerden in den Kühlschrank stellen.

Für die Remoulade die Eier hart kochen, abschrecken, abkühlen lassen, pellen und fein hacken. Die Schalotten schälen und in kleine Würfel schneiden. Die Cornichons und Kapern abtropfen lassen und ebenfalls klein schneiden. Die Mayonnaise und saure Sahne mit den Eiern, Schalotten, Cornichons und Kapern verrühren. Den Schnittlauch waschen, trocken schütteln, in feine Röllchen schneiden und unter die Remoulade heben. Mit Salz und Pfeffer abschmecken. Bis zum Servieren kalt stellen.

Bratkartoffeln
800 g festkochende Kartoffeln
Salz
1 Zwiebel
½ Bund Petersilie
100 g durchwachsener Speck
3 EL Butterschmalz
Pfeffer
edelsüßes Paprikapulver
Muskatnuss

Für die Bratkartoffeln die Kartoffeln waschen und ungeschält in ausreichend kochendem Salzwasser ca. 20–25 Minuten weich garen. Abgießen, etwas ausdämpfen lassen und noch heiß pellen. Die Kartoffeln vollständig auskühlen lassen und in Scheiben schneiden. Die Zwiebel schälen und würfeln. Die Petersilie waschen, trocken schütteln, die Blättchen von den Stängeln zupfen und hacken. Den Speck würfeln.

Das Butterschmalz in einer Pfanne erhitzen und die Kartoffelschei-ben sowie den Speck darin bei mittlerer Temperatur kross braten. Kurz vor Ende der Bratzeit die Zwiebelwürfel zugeben und mitbraten. Mit Salz, Pfeffer, Paprikapulver und frisch geriebener Muskatnuss abschmecken. Mit gehackter Petersilie bestreuen.

Die fertige Sülze stürzen, Folie entfernen und die Sülze in 1 cm dicke Scheiben schneiden. Die Scheiben mit der Remoulade und den Brat-kartoffeln portionsweise auf Tellern anrichten.

Info

Wenn man die Zutaten der Sülze mit der Flüssigkeit nur knapp bedeckt aufgießt, verteilen sich die Zutaten gleichmäßig in der Form und setzen sich nicht am Boden ab.

Flieten

(Knusprige Hähnchenflügel)

Für 4 Personen

2 Knoblauchzehen
Salz, Pfeffer
1 EL edelsüßes Paprikapulver
1 kräftige Prise Cayennepfeffer
1 gestrichener TL Currypulver
20 Hähnchenflügel
50 ml Sahne
Pflanzenöl zum Frittieren

Für die Flieten den Knoblauch schälen und fein hacken. Mit den übrigen Gewürzen in einer Schüssel mischen.

Die Hähnchenflügel waschen, trocken tupfen und mit der Sahne bestreichen. Ausreichend Öl in einer Fritteuse oder einem hohen Topf heiß werden lassen. Das Öl ist heiß genug, wenn sich am Stiel eines Holzkochlöffels, der hineingehalten wird, kleine Bläschen bilden.

Die Flieten darin portionsweise goldbraun ausbacken. Danach auf Küchenpapier etwas abtropfen lassen und noch heiß in der Gewürzmischung wenden. Sofort anrichten.

Servieren Sie dazu frisches Bauernbrot und einen gemischten Salat mit essbaren Blüten.

Tipp

Die Flieten mit einer Koriander-Mayonnaise servieren. Dafür nehmen Sie als Basis das Kräuter-Zitronenmayonnaise-Rezept (Seite 66) und ändern es leicht ab. Anstelle der gemischten Kräuter verwenden Sie 1 Bund Koriander und schmecken die Mayonnaise mit Currypulver und nur einem Spritzer Zitronensaft ab.

Löffelsches Bohnesupp

(Grüne-Bohnen-Kartoffel-Suppe)

Für 4 Personen

500 g Stangenbohnen
300 g mehligkochende Kartoffeln
1 Zwiebel
2 Stängel Bohnenkraut
1 Bund Petersilie
50 g geräucherter Bauchspeck
2 EL Sonnenblumenöl
ca. 1 l Gemüse- oder Fleischbrühe
200 g saure Sahne
1–2 TL Speisestärke
Salz, Pfeffer

Die Bohnen waschen, putzen, die Fäden sorgfältig entfernen und die Bohnen in gleichmäßig große Stücke schneiden. Die Kartoffeln waschen, schälen und würfeln. Die Zwiebel schälen und ebenfalls würfeln. Das Bohnenkraut und die Petersilie waschen und trocken schütteln. Die Blättchen der Petersilie von den Stängeln zupfen und hacken. Den Bauchspeck würfeln.

In einem Topf das Öl erhitzen und die Zwiebel- und Speckwürfel darin anschwitzen. Mit der Brühe ablöschen. Die Bohnen, die Kartoffelwürfel und das Bohnenkraut zugeben, aufkochen und die Suppe bei mittlerer Temperatur ca. 20 Minuten köcheln. Das Bohnenkraut herausnehmen. Die Suppe mit in saurer Sahne angerührter Speisestärke zur gewünschten Konsistenz binden. Mit Salz und Pfeffer abschmecken und mit Petersilie bestreut servieren.

Tipp

Traditionell isst man in der Region Trier ein Stück frisch gebackenen Quetschekuche (siehe Seite 82) dazu. Neben dem klassisch verwendeten Bauchspeck schmecken außerdem in Scheiben geschnittene Mettwurst oder spanische Paprikawurst Chorizo dazu.

Dippekuche
(Kartoffelauflauf aus dem Topf)

Für 4 Personen

2 kg festkochende Kartoffeln
3 Zwiebeln
Kartoffelstärke
200 g durchwachsener Speck
Salz, Pfeffer
Muskatnuss

Den Backofen auf 200 °C Ober- und Unterhitze vorheizen.

Die Kartoffeln und Zwiebeln schälen und auf einer Reibe oder in einer Küchenmaschine grob raspeln. Je nach Feuchtigkeit so viel Kartoffelstärke zugeben, dass die Masse sämig ist.

Vom Speck die Schwarte abschneiden und aufbewahren. Den Speck fein würfeln. In einem heißen Bräter kurz braten. Etwas auskühlen lassen und die Speckwürfel unter die Kartoffel-Zwiebel-Masse rühren. Kräftig mit Salz, Pfeffer und frisch geriebener Muskatnuss abschmecken.

Die Masse in einen Bräter füllen und mit der Speckschwarte belegen. Im Backofen ca. 70 Minuten backen, bis der Dippekuchen braun und knusprig ist. Sollte er zu braun werden, einen Deckel auflegen. Noch heiß auf Teller verteilen.

Dazu schmeckt Apfelmus.

Info

Dippekuche werden auch Döppekoche oder Debbekoche genannt. Debbekoche sagt man an der Untermosel, Scholes an der Mittelmosel und in Trier. So wie es unterschiedliche Bezeichnungen gibt, gibt es zahlreiche Varianten, die einen zusätzlich mit Mettwurst, die anderen mit verquirltem Ei zur besseren Bindung.

Muselfisch im Backteig mit Kräuter-Zitronenmayonnaise

Für 4 Personen

Muselfisch
500 g küchenfertige
gemischte Moselfischfilets
(z. B. Rotaugen, Zander)
Salz, Pfeffer

Backteig
2 Eier
250 ml Moselwein oder Bier
2 TL Pflanzenöl
250 g Weizenmehl
Salz, Pfeffer

Kräuter-Zitronenmayonnaise
1 Bund gemischte Kräuter
1 unbehandelte Zitrone
125 g Mayonnaise
125 g Naturjoghurt
Salz, Pfeffer

Außerdem
Pflanzenöl zum Frittieren

Die Fischfilets waschen, trocken tupfen und in nicht zu kleine Stücke schneiden. Kräftig salzen und pfeffern.

Für den Ausbackteig die Eier mit dem Wein oder Bier, Öl und Mehl zu einem glatten Teig verrühren. Mit Salz und Pfeffer würzen. Den Teig ca. 30 Minuten quellen lassen und nochmals durchrühren.

Inzwischen für die Mayonnaise die Kräuter waschen, trocken schütteln, die Blättchen von den Stängeln zupfen und fein hacken. Die Zitrone heiß abwaschen, trocknen und ca. 1 TL Schale abreiben. Den Saft von ½ Zitrone auspressen. Alle Zutaten miteinander vermischen und mit Salz und Pfeffer abschmecken. Bis zur Verwendung kalt stellen.

Das Öl zum Ausbacken in einer hohen Pfanne heiß werden lassen. Die Fischstücke portionsweise durch den Backteig ziehen, etwas abtropfen lassen und goldgelb ausbacken. Auf Küchenpapier abtropfen lassen.

Die gebackenen Moselfische mit der Kräuter-Zitronenmayonnaise anrichten. Servieren Sie dazu einen bunt gemischten Salat.

Info

Das Öl ist heiß genug, wenn sich am Stiel eines Holzkochlöffels, der hineingehalten wird, kleine Bläschen bilden.

Moselaal
mit Gurkensalat

Für 4 Personen

Gurkensalat
1 große Salatgurke
3 Stängel Dill
200 g saure Sahne
2 EL Rapsöl
2 EL Kräuteressig
Salz, Pfeffer

Moselaal
500 g küchenfertiger Moselaal
2 Stängel Dill
2 kleine Zwiebeln
1 EL Butter
1 EL Weizenmehl
250 ml Gemüse- oder
Fleischbrühe
250 ml Weißwein von der Mosel
1 TL Abrieb von 1 unbehandelten
Zitrone
Saft von ½ Zitrone
1 EL Kapern
Salz, Pfeffer

Für den Gurkensalat die Gurke waschen, schälen und in dünne Scheiben hobeln. Den Dill waschen, trocken schütteln, die Spitzen von den Stängeln zupfen und fein hacken. Für das Dressing die saure Sahne mit dem Öl, Essig und Dill verrühren und mit Salz sowie Pfeffer würzen. Das Dressing mit den Gurkenscheiben vermischen und den Salat kurz durchziehen lassen. Vor dem Servieren nochmals abschmecken.

Für den Moselaal den Aal waschen, enthäuten und in ca. 5 cm lange Stücke schneiden. Den Dill waschen, trocken schütteln, die Spitzen von den Stängeln zupfen und fein hacken. Die Zwiebeln schälen und in sehr feine Würfel schneiden.

Die Butter in einer Pfanne erhitzen und die Zwiebelwürfel darin glasig anschwitzen. Das Mehl darüberstäuben. Die Brühe und den Wein unter Rühren angießen und aufkochen lassen. Die Zitronenschale, den Saft und die Kapern einrühren und mit Salz und Pfeffer abschmecken. Die Aalstücke in die Sauce legen und im abgedeckten Topf ca. 5 Minuten ziehen lassen.

Den Aal in der Sauce anrichten, mit gehacktem Dill bestreuen und mit dem Gurkensalat servieren. Dazu schmecken noch Salzkartoffeln.

Tipp

Den Aal häuten Sie am besten, indem Sie zuerst die Flossen abschneiden und die Haut hinter dem Kopf quer einritzen. Die Haut rundherum glatt vom Fleisch lösen und mit den Händen nach hinten abziehen.

Äppelfleisch mit Stampfkartoffeln

(Schweinebraten mit Äpfeln und Kartoffelpüree)

Für 4 Personen

Äppelfleisch
1 kg Schweineschulter
ohne Knochen
Salz, Pfeffer
gemahlener Kreuzkümmel
1 EL flüssiger Honig
4 Äpfel
2 Zwiebeln
3 EL Sonnenblumenöl
300 ml Mosel- oder
Saarriesling
3 EL Rosinen oder 1 kleine
Rispe weiße Weintrauben
2 cl Apfelbrand
100 ml Sahne

Stampfkartoffeln
1 kg mehligkochende
Kartoffeln
Salz
3 EL Butter
ca. 70 ml Milch
Muskatnuss

Das Fleisch waschen und trocken tupfen. Mit einer Mischung aus Salz, Pfeffer, Kreuzkümmel und Honig rundherum einreiben. Drei Äpfel schälen, das Kerngehäuse entfernen und das Fruchtfleisch würfeln. Die Zwiebeln schälen und in feine Würfel schneiden.

Das Öl in einem Bräter erhitzen und das Fleisch darin rundherum kräftig anbraten. Die Apfel- und Zwiebelwürfel zugeben und kurz mitbraten, mit dem Wein ablöschen. Die Rosinen zugeben, (die gewaschenen Weintrauben erst ca. 10 Minuten vor Ende der Garzeit) und das Fleisch abgedeckt ca. 90 Minuten bei geringer Temperatur schmoren lassen. Anschließend herausnehmen und warm stellen. Die Sauce durch ein feines Sieb passieren.

Kurz vor dem Servieren den restlichen Apfel schälen, das Kerngehäuse entfernen und das Fruchtfleisch in Spalten schneiden. In die Bratensauce geben und garen, bis die Stücke weich, aber noch nicht zerfallen sind. Mit dem Apfelbrand und der Sahne verfeinern und mit Salz und Pfeffer abschmecken.

Für die Stampfkartoffeln die Kartoffeln waschen und ungeschält in ausreichend kochendem Salzwasser ca. 20–25 Minuten weich garen. Die Kartoffeln abgießen, etwas ausdämpfen lassen und pellen. Zurück in den Topf geben und mit einem Kartoffelstampfer grob zerstampfen. Die Butter und erwärmte Milch unterrühren. Mit Salz und frisch geriebener Muskatnuss abschmecken.

Das Fleisch in Scheiben schneiden und auf Tellern anrichten. Mit den Apfelspalten belegen, mit etwas Sauce übergießen und die Stampfkartoffeln dazu reichen.

Tipp

Wählen Sie die Apfelsorte, die Ihnen am besten schmeckt. Je nach Süße oder Säuregehalt können Sie das Äppelfleisch so geschmacklich variieren.

Rheinischer Sauerbraten

Für 6 Personen

Marinade
750 ml trockener Rotwein
von Mosel oder Saar
200 ml Rotweinessig
2 große Möhren
1 Petersilienwurzel
¼ Knollensellerie
1 Stange Lauch
2 Zwiebeln
4 Wacholderbeeren
2 Pimentkörner
einige Pfefferkörner

**Braten
(2 Tage Standzeit)**
1,2 kg Rinderschmorbraten
Salz, Pfeffer
1 Tomate
2 EL Butterschmalz

Außerdem
50 g Sultaninen
75 g Pumpernickel

Für die Marinade den Rotwein mit dem Essig mischen. Die Möhren, Petersilienwurzel, den Sellerie und Lauch putzen, nach Bedarf schälen und waschen. Das Gemüse klein schneiden. Die Zwiebeln schälen und grob würfeln. Das Gemüse und die Zwiebeln mit den Wacholderbeeren, Piment- und Pfefferkörnern zur Wein-Essig-Mischung geben. Den Schmorbraten waschen, trocken tupfen und in die Marinade legen, sodass er vollständig bedeckt ist. Abgedeckt mindestens 2 Tage im Kühlschrank marinieren.

Am Tag der Zubereitung das Fleisch aus der Marinade nehmen und trocken tupfen. Salzen und pfeffern. Die Marinade durch ein Sieb gießen und die Flüssigkeit auffangen. Das Gemüse gut abtropfen lassen. Die Tomate waschen, den Strunk entfernen und das Fruchtfleisch würfeln. Das Schmalz in einem Bräter erhitzen, das Fleisch darin von allen Seiten scharf anbraten und herausnehmen. Das Gemüse und die Tomatenwürfel im Bratfett kurz anbraten, dann mit der Marinade ablöschen. Das Fleisch zugeben und bei geringer Temperatur abgedeckt ca. 2 Stunden garen.

Den fertig gegarten Braten aus dem Bräter nehmen und warm stellen. Die Sauce durch ein Sieb passieren und in einen Topf geben. Die Sultaninen und den zerbröselten Pumpernickel zufügen und ca. 2 Minuten kochen lassen. Mit Salz und Pfeffer abschmecken. Das Fleisch in Scheiben schneiden und mit der Sauce servieren.

Dazu schmecken Kartoffelknödel und Kopfsalat.

Info

Der Rheinische Sauerbraten wurde ursprünglich aus Pferdefleisch zubereitet, heutzutage aus Rindfleisch. Durch die Rosinen und den Pumpernickel bekommt die Sauce neben dem Wein und Essig ihre süßsaure Note.

Schwenkbraten
(Marinierte Schweinenackensteaks)

Für 4 Personen
(2 Tage Standzeit)

4 Schweinenackensteaks
(à ca. 200 g)
4 kleine Zwiebeln
2 Knoblauchzehen
2 Zweige Thymian
1 Stängel Majoran
250 ml trockener Rotwein
von Mosel oder Saar
250 ml Pflanzenöl
1 Lorbeerblatt
5 Wacholderbeeren
Salz, Pfeffer
Zwiebelpulver
edelsüßes Paprikapulver

Die Steaks waschen und trocken tupfen. Die Zwiebeln und Knob-lauchzehen schälen und fein würfeln. Den Thymian und Majoran waschen, trocken schütteln und die Blättchen abzupfen.

Den Rotwein und das Öl mit einem Schneebesen gut miteinander verrühren. Das Lorbeerblatt, die angedrückten Wacholderbeeren, Zwiebel- und Knoblauchwürfel sowie Kräuter zugeben. Mit Salz, Pfeffer, Zwiebel- und Paprikapulver würzen. Die Marinade über die Steaks gießen und diese abgedeckt ca. 2 Tage im Kühlschrank ziehen lassen.

Am Tag der Zubereitung die Steaks aus der Marinade nehmen, mit Küchenpapier trocken tupfen, salzen und pfeffern. Auf einem heißen Schwenkgrill oder in einer Grillpfanne von beiden Seiten ca. 15–20 Minuten grillen.

Dazu passen Grillkartoffeln und ein gemischter Salat.

Info

Schwenkbraten, auch unter den Namen Schaukelbraten oder Schwen-ker bekannt, sind marinierte Schweinenackenscheiben, die auf einem dreh- und schwenkbaren Grillrost, der an einer Kette über dem Feuer hängt, gegrillt werden.

Zwiwwelfleisch

(Zwiebel-Wein-Fleisch)

Für 4 Personen

1 kg Schweinekamm
Salz, Pfeffer
1 kg Zwiebeln
3 EL Sonnenblumenöl
1 EL edelsüßes Paprikapulver
250 ml Mosel- oder Saarriesling
500–750 ml Fleischbrühe
Speisestärke, nach Belieben

Den Backofen auf 180 °C Ober- und Unterhitze vorheizen.

Das Schweinefleisch waschen, trocken tupfen, salzen und pfeffern. Die Zwiebeln schälen und würfeln. Das Öl in einem Bräter erhitzen und das Fleisch darin von allen Seiten kräftig anbraten. Herausnehmen. Die Zwiebelwürfel im Bratfett anbraten und mit Paprikapulver bestreuen. Mit dem Wein ablöschen und die Fleischbrühe angießen. Das Fleisch zurück in den Bräter legen und abgedeckt im Backofen ca. 90 Minuten schmoren.

Das Fleisch aus dem Bräter nehmen und warm stellen. Die Sauce nach Belieben mit in kaltem Wasser angerührter Speisestärke zur gewünschten Konsistenz binden. Das Fleisch in Scheiben schneiden und mit der Sauce anrichten.

Zum Zwiwwelfleisch passen Bohnengemüse und Bratkartoffeln.

Tipp

Feiner im Geschmack wird das Gericht, wenn man eine Zwiebelmischung aus braunen Haushaltszwiebeln, roten Zwiebeln und kleinen Schalotten verwendet.

Weinbergpfirsiche mit Zabaione

Für 6 Personen

Weinbergpfirsiche
12 Weinbergpfirsiche
Abrieb und Saft von ½
unbehandelten Zitrone
Saft von ½ Orange
1 Nelke
1 Zimtstange
Zucker, nach Belieben
1 Flasche (750 ml) Mosel-
oder Saarriesling

Zabaione
70 g geschälte Mandeln
2 frische Eigelb
2 EL Puderzucker
2 EL Pfirsichlikör

Die Weinbergpfirsiche mit heißem Wasser übergießen, häuten, halbieren und den Stein entfernen. Die Pfirsichhälften in einer Mischung aus dem Zitronenabrieb, Zitronen- und Orangensaft, der Nelke und Zimtstange kurz marinieren. Nach Geschmack mit Zucker süßen. Den Riesling zugießen, sodass die Pfirsiche ganz bedeckt sind und bei geringer Temperatur ca. 10–12 Minuten köcheln. Die Pfirsiche in einem Sieb abtropfen lassen, 150 ml Sud auffangen und für die Zabaione beiseitestellen. Nelke und Zimtstange entfernen.

Für die Zabaione die Mandeln hacken und in einer Pfanne ohne Fett hellbraun rösten. Auskühlen lassen. Eigelbe und Puderzucker in einem heißen Wasserbad zu einer dicken Creme aufschlagen. Den Pfirsichsud und Likör unterrühren. Die Zabaione so lange schlagen, bis sich das Volumen in etwa verdoppelt hat und die Mischung dick und cremig geworden ist. Die warme Zabaione über die Pfirsiche geben und mit den gehackten Mandeln bestreuen. Noch warm servieren. Dazu schmeckt frisches Gebäck oder Vanilleeis.

Weincreme mit Pfirsichen

Foto ›

Für 4 Personen

Weincreme
(2 Stunden Standzeit)
1 unbehandelte Zitrone
1 Orange
8 Blatt Gelatine
4 frische Eigelb
200 g Zucker
1 Msp. gemahlene Vanille
250 ml Mosel- oder Saarriesling
250 ml Sahne

Pfirsichspalten
2 Pfirsiche
2 EL Zucker

Die Zitrone heiß abwaschen, gut trocknen und die Schale abreiben. Die Zitrone und Orange auspressen. Die Gelatine ca. 10 Minuten in kaltem Wasser einweichen. Die Eigelbe mit Zucker, gemahlener Vanille, Zitronenschale, Zitronen- und Orangensaft verrühren. Den Weißwein zugeben und die Masse in einem heißen Wasserbad schaumig schlagen.

Die Gelatine gut ausdrücken, in die Creme geben und unter Rühren auflösen. Die Creme abkühlen lassen, dabei gelegentlich umrühren. Sobald sie beginnt fest zu werden, die Sahne steif schlagen und unterheben. In Gläser oder Schälchen füllen und im Kühlschrank in ca. 2 Stunden vollständig fest werden lassen.

Die Pfirsiche waschen, trocken reiben, halbieren, entsteinen und in Spalten schneiden. In einer Pfanne den Zucker schmelzen. Die Pfirsichspalten zugeben und karamellisieren. Die Weincreme mit den karamellisierten Pfirsichen servieren.

Nonnefürz

(Karnevalsgebäck)

Für 4 Personen

250 ml Milch
50 g Butter
1 EL Zucker
1 Prise Salz
125 g Weizenmehl
1 TL Backpulver
Pflanzenöl zum Frittieren
3 Eier
Puderzucker zum Bestreuen

Die Milch mit der Butter, dem Zucker und Salz in einem kleinen Topf aufkochen und vom Herd nehmen. Das Mehl und das Backpulver miteinander vermengen und in die Milchmischung geben. Mit einem Kochlöffel zu einem zähen Kloß verrühren. Den Topf wieder auf den Herd stellen und bei mittlerer Temperatur weiterrühren, bis sich am Topfboden eine weiße Haut bildet.

In einem hohen Topf oder einer Fritteuse das Pflanzenöl zum Frittieren erhitzen. Den Teig in eine Schüssel geben und nach und nach die Eier mit dem Kochlöffel oder Schneebesen unterrühren, bis eine glatte, glänzende Masse entstanden ist.

Mithilfe von zwei Teelöffeln kleine Nocken vom Teig abstechen, portionsweise in das heiße Fett geben und ca. 2 Minuten goldgelb ausbacken. Mit einem Schaumlöffel herausnehmen und auf Küchenpapier abtropfen lassen. Mit Puderzucker bestreuen und warm servieren.

Reichen Sie dazu Vanilleeis und frische Blaubeersauce.

Info

Wenn sich am Stiel eines Holzkochlöffels, der hineingehalten wird, kleine Bläschen bilden, hat das Fett die richtige Temperatur.

Der tiefe Pfälzerwald, die frucht-bare Rheinebene und das endlose Rebenmeer an der Weinstraße prägen die Pfälzer Küche. Hier wachsen Maronen, Mandeln, Spargel, Zitronen, Kiwis und Pfirsi-che. Der Wein macht die Pfälzer gesellig und verfeinert traditionelle Gerichte wie Dampfnudeln mit Weinsauce oder Versoffene Schwestern. Die bodenständige, deftige Küche ist der harten Arbeit im Weinberg und auf dem Feld geschuldet. Kartoffel- und opulente Fleischgerichte sind des Pfälzers Lebenselixier. Das bekannteste Fleischgericht ist der Saumagen, den Altbundes-kanzler Helmut Kohl Queen Elisabeth II., Ronald Reagan oder Michael Gorbatschow vorsetzen ließ. Häufig wird als Beilage Sauer-kraut gereicht, genau wie im nahe gelegenen Elsass. Überhaupt schmeckt es in der Pfalz oft auch nach Frankreich: Zwiebel- oder Flammkuchen haben längst ihren Weg über die Grenze gefunden.

Pfalz

Grumbeersupp
mit Quetschekuche
(Kartoffel-Lauch-Suppe mit Zwetschgenkuchen)

Für 4 Personen

Quetschekuche
Für 12 Kuchenstücke

Hefeteig
300 g Weizenmehl
½ Würfel frische Hefe (21 g)
30 g Zucker
125 ml lauwarme Milch
50 g weiche Butter
1 Prise Salz
2 Eier

Belag
1,5 kg reife Zwetschgen
Zimtpulver
30 g Zucker

Außerdem
Butter für die Form
Weizenmehl zum Bearbeiten

Suppe
400 g mehligkochende Kartoffeln
1 kg Lauch
1 l Gemüsebrühe
1 frisches Eigelb
125 ml Sahne
Salz, Pfeffer
50 g Butter
½ Bund Schnittlauch

Für den Hefeteig das Mehl in eine Schüssel sieben, in die Mitte eine Mulde formen, die Hefe hineinbröckeln, den Zucker sowie die Hälfte der lauwarmen Milch zugeben. Am Rand der Mulde die weiche Butter und das Salz verteilen. Den Vorteig an einem warmen Ort ca. 15 Minuten gehen lassen. Anschließend mit der restlichen Milch und den Eiern zu einem glatten Teig verkneten und nochmals 15 Minuten gehen lassen. Ein rundes Kuchenblech (Ø 30 cm) mit Butter einfetten. Den Teig auf einer leicht bemehlten Arbeitsfläche durchkneten, etwas größer als das Kuchenblech rund ausrollen und hineinlegen.

Den Backofen auf 180 °C Ober- und Unterhitze vorheizen.
Für den Belag die Zwetschgen waschen, zur Hälfte aufschneiden, entsteinen und die Viertel einschneiden, sodass sie noch zusammenhängen. Den Teig damit dachziegelartig belegen und gegebenenfalls noch einmal 10 Minuten gehen lassen.

Den Zwetschgenkuchen im Backofen ca. 35 Minuten backen. Zwischendurch den Boden mit einem Messer anheben, um die Farbe zu kontrollieren. Er sollte von unten goldgelb gebacken sein.

Für die Suppe die Kartoffeln waschen, schälen und würfeln. Den Lauch putzen, waschen und das Weiße abtrennen. Die grünen Lauchstücke in Stücke schneiden und zusammen mit den Kartoffelwürfeln in der kochenden Brühe weich kochen. Danach pürieren und durch ein Sieb passieren. Das Eigelb mit der Sahne verrühren und die Suppe damit verfeinern. Mit Salz und Pfeffer abschmecken.
Die weißen Lauchstücke in Ringe schneiden. In einer Pfanne die Butter schmelzen und die Lauchringe darin glasig anschwitzen. Den Schnittlauch waschen, trocken schütteln und in Röllchen schneiden. Die Suppe in tiefen Tellern anrichten und die Lauchringe als Einlage zugeben sowie mit Schnittlauch bestreuen.

Den leicht abgekühlten Quetschekuche mit Zimt und Zucker bestreuen und lauwarm mit der Grumbeersupp servieren.

Lewwerknepp-Supp
(Leberknödelsuppe)

Für 4 Personen

Fleischbrühe
1 kg Rinderknochen oder
Ochsenschwanz
1 kg Suppenfleisch vom Rind
2 EL Pflanzenöl
1 Bund Suppengrün
1 TL schwarze Pfefferkörner
2 Lorbeerblätter
Salz, Pfeffer

Leberknödel
1 Zwiebel
1 EL Pflanzenöl
2 Stängel Petersilie
250 g Toast ohne Rinde
300 g frische Rinderleber
1 Ei
1 Eigelb
1 TL mittelscharfer Senf
2 TL getrockneter Majoran
Muskatnuss
Salz, Pfeffer

Außerdem
¼ Bund Schnittlauch

Die Knochen und das Suppenfleisch waschen und trocken tupfen. In einem großen Topf das Öl erhitzen und die Knochen darin anbraten, dann das Suppenfleisch zugeben. 3 l kaltes Wasser zugießen und zum Kochen bringen. Knochen und Fleisch bei mittlerer Temperatur ca. 3 Stunden köcheln lassen und ab und zu den aufsteigenden Schaum abschöpfen.

Das Suppengrün putzen, waschen, nach Bedarf schälen und grob würfeln. Nach 60 Minuten Kochzeit zusammen mit den Pfefferkörnern und Lorbeerblättern zur Fleischbrühe geben. Nach Ende der Kochzeit die Brühe durch ein auf ein Sieb gelegtes Küchentuch abgießen. Mit Salz und Pfeffer abschmecken und warm halten. (Das Suppenfleisch können Sie für ein anderes Rezept weiterverwenden, zum Beispiel für gekochtes Rindfleisch mit Meerrettichtunke. [Siehe Seite 46])

Für die Leberknödel die Zwiebel schälen und fein würfeln. In einer Pfanne das Öl erhitzen, die Zwiebel darin glasig anschwitzen und abkühlen lassen. Die Petersilie waschen, trocken schütteln, die Blättchen von den Stängeln zupfen und hacken. Das Toastbrot klein schneiden. Die Rinderleber in einer Küchenmaschine zerkleinern oder durch einen Fleischwolf drehen. Alle oben genannten Zutaten miteinander vermengen. Das Ei, Eigelb und den Senf zugeben und gut mit den Händen verkneten. Mit Majoran, frisch geriebener Muskatnuss, Salz und Pfeffer abschmecken. Wenn die Masse richtig gut durch die Finger gleitet, ist sie fertig.

Aus dem Teig Knödel formen und ca. 10–12 Minuten in leicht kochendem, gesalzenem Wasser ziehen lassen, herausnehmen und abtropfen lassen. Jeweils einen Knödel in einen Suppenteller geben und mit der Rinderbrühe auffüllen.

Den Schnittlauch waschen, trocken schütteln und in Röllchen schneiden. Die Leberknödelsuppe mit Schnittlauch garniert servieren.

Info

Die Suppe erst nach dem Kochen salzen, da es sonst passieren kann, dass die Suppe versalzen ist.

Gebreedelde

(Bratkartoffeln)

Für 4 Personen

1 kg festkochende Kartoffeln
Salz
1 große Zwiebel
2 Stängel Majoran
2 EL Butterschmalz
Pfeffer
200 g Hausmacherleberwurst

Die Kartoffeln waschen und in einem Topf mit ausreichend kochendem Salzwasser ca. 20–25 Minuten weich kochen. Abgießen, die Kartoffeln auskühlen lassen, pellen und in Scheiben schneiden. Die Zwiebel schälen und würfeln. Den Majoran waschen, trocken schütteln und die Blättchen von den Stängeln zupfen.

In einer Pfanne das Schmalz erhitzen und die Kartoffelscheiben darin knusprig braten. Mit Salz und Pfeffer würzen. Etwa zur Hälfte der Bratzeit die Zwiebelwürfel zu den Kartoffeln geben.

Kurz vor Ende der Bratzeit die Leberwurst enthäuten, in kleine Stücke schneiden, unter die Bratkartoffeln rühren und mitbraten. Den Majoran zugeben und nochmals mit Salz und Pfeffer abschmecken.

Dazu schmeckt ein grüner Salat.

Tipp

Probieren Sie alternativ zur Leberwurst hausgemachte Bratwürste.

Flammkuchen

Für 4 Stück

Teig
10 g frische Hefe
500 g Weizenmehl (Type 550)
10 g Salz
350 ml lauwarmes Wasser

Belag
200 g Speck
170 g rote Zwiebeln
300 g Crème fraîche
oder Schmand
Salz, Pfeffer

Außerdem
Weizenmehl zum Bearbeiten
2 Frühlingszwiebeln
Pfeffer

Für den Teig die Hefe mit den Fingern in das Mehl reiben. Salz und Wasser zugeben und in einer Küchenmaschine ca. 5–6 Minuten kneten. Den Teig ca. 60 Minuten abgedeckt an einem warmen Ort gehen lassen, bis sich das Volumen deutlich vergrößert hat. Danach in vier gleich große Stücke teilen, auf einer leicht bemehlten Arbeitsfläche dünn ausrollen und auf je einen Backpapierbogen legen.

Den Backofer mit Backblech auf 250 °C Ober- und Unterhitze vorheizen.

Für den Belag den Speck fein würfeln. Die Zwiebeln schälen, halbieren und in feine Streifen schneiden. Die vier Böden gleichmäßig mit Crème fraîche bzw. Schmand bestreichen, salzen, pfeffern und die Speckwürfel sowie Zwiebelstreifen darauf verteilen.

Einen Flammkuchen mit dem Backpapier auf das heiße Blech ziehen und im oberen Drittel des Backofens ca. 8 Minuten backen. Die restlichen Flammkuchen auf die gleiche Weise backen.

Die Frühlingszwiebeln putzen, waschen und in Ringe schneiden. Die Flammkuchen vor dem Servieren mit Frühlingszwiebelringen und frisch gemahlenem Pfeffer bestreuen.

Tipp

Gut gelingt der Flammkuchen, wenn man einen Schamottstein für den Backofen hat, um den Flammkuchen darauf wie eine Pizza zu backen.

Lauchquiche

Für 12 Stücke

Mürbeteig
150 g Weizenmehl
3 EL Öl
100 ml Wasser
1 Prise Salz

Belag
1 Stange Lauch
125 g Speck
125 g Kochschinken
100 g geriebener Käse

Guss
4 Eier
4 EL Sahne
4 EL Milch
1 EL Weizenmehl
Salz, Pfeffer

Außerdem
Butter für die Form
Weizenmehl zum Bearbeiten

Den Backofen auf 220 °C Ober- und Unterhitze vorheizen. Eine Quicheform (Ø 26 cm) mit Butter einfetten.

Für den Mürbeteig alle Zutaten mischen und zu einem glatten Teig verkneten. Auf einer leicht bemehlten Arbeitsfläche etwas größer als die Form ausrollen und so in die Form legen, dass auch der Rand bedeckt ist. Den Mürbeteigboden mit etwas Mehl bestäuben.

Den Lauch putzen, waschen und in Ringe schneiden. Den Speck und Schinken würfeln. Den Speck in einer Pfanne ohne Fett auslassen und mit dem Schinken und dem Lauch auf dem Quicheboden verteilen. Den Käse darüberstreuen.

Für den Guss die Eier mit der Sahne, Milch und dem Mehl verrühren. Mit Salz und Pfeffer abschmecken. (Vorsicht, Speck und Schinken sind schon salzig!) Den Guss über den Belag gießen und die Quiche im Backofen ca. 20–25 Minuten backen. Noch heiß servieren.

Tipp

Die Quiche kann auch nur mit Zwiebeln und ohne Speck und Schinken zubereitet werden. Auch Lauch in Kombination mit getrockneten Tomaten ist sehr lecker.

Spargel-Eier-Salat

Für 2 Personen

Salat
350 g weißer Spargel
Salz
Zucker
4 Eier
1 Schalotte

Dressing
3 Stängel Petersilie oder Dill
1 TL mittelscharfer Senf
4 EL leichte Mayonnaise
3 EL Milch
1 EL Weißweinessig
Salz, Pfeffer
Zucker, nach Belieben

Den Spargel waschen, die holzigen Enden abschneiden, die Stangen schälen und in Stücke schneiden. Mit etwas Wasser, je einer Prise Salz und Zucker ca. 8–10 Minuten bissfest garen. Abgießen und abkühlen lassen. Die Eier ca. 10 Minuten hart kochen. Abschrecken, pellen, vierteln oder in Scheiben scheiden. Die Schalotte schälen und fein würfeln.

Für das Dressing die Kräuter waschen, trocken schütteln, die Blättchen von den Stängeln zupfen und hacken. Alle Zutaten miteinander verrühren und mit Salz, Pfeffer und nach Belieben etwas Zucker abschmecken. Das Dressing vorsichtig mit dem Spargel und den Eiern mischen. Kurz ziehen lassen und nochmals abschmecken.

Tipp

Verfeinern Sie den Salat mit Shrimps oder gekochtem Schinken. Auch Serranoschinken und Pinienkerne passen gut dazu.

Pfälzer Wurstsalat

Für 4 Personen

Wurstsalat
1 Ring Fleischwurst (ca. 500 g)
3 große Tomaten
3 große Gewürzgurken

Dressing
½ Bund glatte Petersilie
150 ml Gewürzgurkensud
5 EL Sonnenblumenöl
2 EL würziger Senf
(gerne auch grobkörnig)
Salz, Pfeffer
4 hart gekochte Eier

Die Fleischwurst pellen, in schmale Scheiben und diese wiederum in dünne Streifen schneiden. Die Tomaten waschen, den Strunk sowie die Kerne entfernen und das Tomatenfruchtfleisch mit den Gewürzgurken ebenfalls in dünne Streifen schneiden. Alle Zutaten in eine Schüssel geben.

Für das Dressing die Petersilie waschen, trocken schütteln, die Blättchen von den Stängeln zupfen und hacken. Den Gurkensud mit Öl und Senf verrühren. Mit Salz und Pfeffer abschmecken und die Petersilie unterrühren. Das Dressing über Fleischwurst-, Tomaten- und Gewürzgurkenstreifen gießen und alles gut mischen.

Die Eier pellen, in Spalten schneiden und vorsichtig unterheben. Den Wurstsalat für ca. 1–2 Stunden kalt stellen und durchziehen lassen. Vor dem Servieren vorsichtig umrühren und gegebenenfalls nochmals abschmecken. Mit frischem Graubrot servieren.

Tipp

Alternativ zur Petersilie passt auch gut Schnittlauch dazu. Wer es etwas pikanter möchte, gibt noch eine in feine Streifen geschnittene rote Chilischote hinzu.

Pfälzer Saumagen

Für ca. 8 Personen
(Standzeit über Nacht)

1 frischer, geputzter Saumagen
(beim Metzger bestellen)
2 Zwiebeln
2 Knoblauchzehen
1 Bund glatte Petersilie
2 EL Butterschmalz
1 kg gekochte festkochende
Kartoffeln
400 g magerer Schweinebauch
400 g durchwachsenes
Schweinefleisch
400 g Bratwurstbrät
3 Eier
Salz, Pfeffer
je 1 TL Kardamompulver,
Korianderpulver,
getrockneter Majoran,
Muskatnuss, Nelkenpulver,
getrockneter Thymian

Den Saumagen über Nacht wässern.
Am nächsten Tag zwei von drei Öffnungen am Saumagen mit Küchengarn fest abbinden. Die Zwiebeln und den Knoblauch schälen. Die Zwiebeln würfeln und den Knoblauch durch eine Presse drücken. Die Petersilie waschen, trocken schütteln, die Blättchen von den Stängeln zupfen und fein hacken.

Das Butterschmalz in einer Pfanne erhitzen, die Zwiebelwürfel darin glasig anschwitzen und abkühlen lassen. Die Kartoffeln schälen und fein würfeln. Vom Schweinebauch die Schwarte abschneiden und ebenfalls würfeln. Das Schweinefleisch durch einen Fleischwolf drehen. Alle oben genannten Zutaten mit dem Bratwurstbrät zu einer glatten Masse vermengen, die Eier unterrühren und kräftig mit Salz, Pfeffer und den übrigen Gewürzen sowie Kräutern abschmecken.

Diese Masse nicht zu prall in den Saumagen füllen und die Öffnung zubinden. In einem großen Topf reichlich Salzwasser zum Kochen bringen und den Saumagen darin ca. 3 Stunden bei geringer Temperatur ziehen lassen. Das Wasser darf auf keinen Fall kochen! Den gegarten Saumagen aus dem Topf nehmen und vor dem Servieren in etwa 2 cm dicke Scheiben schneiden. Die Saumagenscheiben warm oder auch kalt genießen.

Reichen Sie dazu Sauerkraut und Bauernbrot oder Bratkartoffeln.

Info

Lecker schmeckt der Saumagen auch im Backofen in heißem Butterschmalz knusprig aufgebacken oder wie im Rezept in Scheiben geschnitten noch einmal in der Pfanne kross gebraten.

Kunschthäwwel-Flääsch

(Gebackener Schweinekamm)

Für 8 Personen
(Standzeit über Nacht)

2,5 kg gepökelter
Schweinekamm
(beim Metzger bestellen)
Pfeffer
Pimentpulver
5 Zwiebeln
3 Knoblauchzehen
5 Lorbeerblätter
1 TL getrockneter Majoran
5 Nelken
500–750 ml trockener
Pfälzer Weißwein
100 ml Sahne
Salz

Den Schweinekamm über Nacht in einer Schüssel mit kaltem Wasser einlegen. Am nächsten Tag das Wasser abgießen, das Fleisch trocken tupfen und mit Pfeffer und Piment einreiben. Die Zwiebeln schälen, halbieren und in dünne Streifen schneiden. Den Knoblauch schälen und in dünne Scheiben schneiden.

Den Backofen auf 180 °C Ober- und Unterhitze vorheizen.
Einen Bratschlauch an einem Ende zubinden. Den Folienboden mit den Zwiebelstreifen und den Knoblauchscheiben bedecken. Lorbeerblätter, Majoran und Nelken darüber verteilen. Das Fleisch darauflegen, mit dem Wein übergießen und das andere Ende des Bratschlauchs zubinden. In die Mitte ein kleines Loch stechen, dass der Schlauch nicht platzen kann.

Den Schlauch auf ein Backblech legen, dieses auf die mittlere Schiene des Backofens schieben und das Fleisch ca. 2 Stunden garen. Anschließend aus der Folie nehmen, den Braten in Scheiben schneiden und warm halten. Den Bratensud auffangen, zur gewünschten Konsistenz einkochen und mit der Sahne verfeinern. Mit Salz und Pfeffer abschmecken und getrennt zum Fleisch servieren.

Dazu passen Bratkartoffeln oder gebratene Klöße mit Möhren- oder Wirsinggemüse.

Info

Statt des Bratschlauchs können Sie auch Alufolie verwenden, dann den Braten jedoch auf dem Rost garen.

Pfälzer Winzergeschnetzeltes

Für 4 Personen

700 g Schnitzelfleisch
1 Zwiebel
200 g rote Trauben
2 EL Sonnenblumenöl
100 ml Pfälzer Weißwein
400 ml Fleisch- oder
Gemüsebrühe
200 ml Sahne
2 TL Speisestärke
Salz, Pfeffer

Außerdem
½ Bund Schnittlauch

Das Fleisch waschen, trocken tupfen und in Streifen schneiden. Die Zwiebel schälen und fein würfeln. Die Trauben waschen, gegebenenfalls halbieren und entkernen.

In einem Topf das Öl erhitzen und die Zwiebelwürfel sowie das Fleisch darin anbraten. Mit Weißwein ablöschen und mit Brühe aufgießen. Ca. 10 Minuten bei mittlerer Temperatur köcheln.

Die Sahne mit der Speisestärke verrühren und das Gericht damit zur gewünschten Konsistenz binden. Die Trauben zufügen und erwärmen. Mit Salz und Pfeffer abschmecken.

Den Schnittlauch waschen, trocken schütteln und in Röllchen schneiden. Das Winzergeschnetzelte mit Schnittlauch garniert servieren.

Dazu schmecken Reis oder Bandnudeln.

Tipp

Das Auge isst mit: Ersetzen Sie die Hälfte der roten Trauben durch weiße Trauben. Kurz vor und während der Lese können Sie auch Trauben beim Winzer kaufen.

Pälzer Flääschknepp mid Meerreddichsooß un Kraut

(Fleischbällchen mit Meerrettichsauce und Sauerkraut)

Für 4 Personen

Flääschknepp
2 Brötchen vom Vortag
200 ml Milch
1 Zwiebel
1 Bund Petersilie
250 g Kalbfleisch
250 g Rindfleisch
250 g Schweinefleisch
2 Eier
Salz, Pfeffer
Muskatnuss
Nelkenpulver
2 l Fleischbrühe

Meerreddichsooß
1 Tomate
2 EL Butter
4 gestrichene EL Weizenmehl
500 ml Fleischbrühe
1–2 EL frisch geriebener
Meerrettich
100 ml Sahne
Salz, Pfeffer

Kraut
1 Zwiebel
1 EL Schweine- oder
Butterschmalz
Zucker
1 Dose (580 g) Weinsauerkraut
1 TL Wacholderbeeren
2 Lorbeerblätter
150 ml Pfälzer Weißwein
Salz

Außerdem
einige Kerbelstängel

Für die Flääschknepp die Brötchen grob würfeln, mit der erwärmten Milch übergießen und ca. 15 Minuten quellen lassen. Die Zwiebel schälen und fein würfeln. Die Petersilie waschen, trocken schütteln, die Blättchen von den Stängeln zupfen und fein hacken. Das Fleisch waschen, trocken tupfen und zusammen mit den gut ausgedrückten Brötchenwürfeln durch einen Fleischwolf drehen. Mit Eiern, Zwiebelwürfeln und der Petersilie zu einer glatten Masse verarbeiten. Mit Salz, Pfeffer, frisch geriebener Muskatnuss und 1 Prise Nelkenpulver würzen. Die Fleischbrühe in einem Topf erhitzen. Aus der Hackfleischmasse kleine Klößchen formen und ca. 15–20 Minuten in der heißen Brühe ziehen lassen.

Für die Meerrettichsauce die Tomate waschen, halbieren, den Strunk und die Kerne entfernen und die Tomate in feine Würfel schneiden. Die Butter in einem Topf erhitzen, das Mehl einrühren und anschwitzen. Unter Rühren die Fleischbrühe zugießen, aufkochen lassen und die Sauce sämig rühren. Den Meerrettich zugeben, die Sahne angießen und mit Salz und Pfeffer abschmecken. Zum Schluss die kleinen Tomatenwürfel unterheben. Sie verleihen der Sauce etwas Farbe.

Für das Sauerkraut die Zwiebel schälen und fein würfeln. In einem Topf das Schmalz erhitzen und die Zwiebelwürfel darin anschwitzen. Mit 2 TL Zucker kurz karamellisieren. Das Sauerkraut, die Wacholderbeeren sowie die Lorbeerblätter zugeben und den Weißwein angießen. Aufkochen lassen und das Sauerkraut bei geringer Temperatur abgedeckt ca. 15–20 Minuten köcheln. Mit Salz und Zucker abschmecken.

Die Kerbelstängel waschen und trocken schütteln. Die Flääschknepp mit der Meerreddichsooß und dem Kraut servieren. Mit den Kerbelstängeln garnieren. Dazu schmeckt Kartoffelpüree.

Tipp

Statt das Fleisch durch den Fleischwolf zu drehen, können Sie auch auf 750 g gemischtes Hackfleisch zurückgreifen.

Backfisch mit Evas Grumbeersalad

Für 4 Personen

**Grumbeersalad
(4 Stunden Standzeit)**
750 g Pfälzer Salatkartoffeln
Salz
4 Eier
150 g Speck
1 Bund glatte Petersilie
1 Zwiebel
2 EL Olivenöl
6 EL Mayonnaise
3 EL Weißweinessig
2 EL Senf
Pfeffer

Backfisch
4 festfleischige Fischfilets
(à ca. 150 g)
2 EL Zitronensaft
Salz, Pfeffer
1 Ei
helles Bier
Weizenmehl zum Wenden
Semmelbrösel zum Wenden
3 EL Butterschmalz

Die Salatkartoffeln waschen und in ausreichend Salzwasser gar kochen. Die Kartoffeln abgießen, kurz auskühlen lassen, pellen und in feine Scheiben schneiden. Die Eier hart kochen, abschrecken, pellen und in feine Würfel schneiden. Den Speck ebenfalls würfeln. Die Petersilie waschen, trocken schütteln, die Blättchen von den Stängeln zupfen und hacken. Die Zwiebel schälen und fein würfeln.

Das Olivenöl in einer Pfanne erhitzen, die Speck- und Zwiebelwürfel darin knusprig braten und in einer Schüssel über die Kartoffelscheiben geben. Die Mayonnaise mit dem Weißweinessig, Senf und der Petersilie vermischen und mit Salz und Pfeffer abschmecken. Das Dressing zu den Kartoffeln geben, gut durchrühren, zum Schluss die Eier zugeben und den Kartoffelsalat mindestens 4 Stunden gekühlt ziehen lassen.

Kurz vor dem Servieren für den Backfisch die Fischfilets waschen, trocken tupfen und mit Zitronensaft beträufeln. Mit Salz und Pfeffer würzen. Das Ei mit einem Schuss Bier verquirlen. Die Filets von beiden Seiten in Mehl wenden und durch das verquirlte Ei ziehen. Anschließend in den Semmelbröseln wenden, bis sie vollständig mit der Panade bedeckt sind. Das Butterschmalz in einer Pfanne zerlassen und die Fischfilets von beiden Seiten je nach Dicke knusprig braten.

Den Backfisch mit dem Kartoffelsalat anrichten. Dazu schmeckt ein Klecks Remoulade (siehe Seite 60).

Info

Durch das Bier geht die Panade locker auf und wird schön knusprig.

Omas Kerscheplotzer

(Süßer Brotauflauf mit Kirschen)

Für 4–6 Personen

4 Brötchen vom Vortag
500 ml Milch
50 g Butter
60 g Zucker
2 frische Eigelb
1 TL Abrieb von 1 unbehandelten
Zitrone
500 g frische Süßkirschen
oder 1 Glas (720 g) eingelegte
Süßkirschen
2 frische Eiweiß
Salz
½ TL Zimtpulver

Außerdem
Butter für die Form
Puderzucker zum Bestäuben

Den Backofen auf 220 °C Ober- und Unterhitze vorheizen.

Die Brötchen in fingerdicke Scheiben schneiden und in eine Schüssel legen. Anschließend die Milch erwärmen und darübergießen. 30 g Butter mit dem Zucker, den Eigelben und der Zitronenschale schaumig schlagen. Die Eigelbmasse zu den eingeweichten Brötchen geben und alles gut verrühren.

Die Süßkirschen waschen und entsteinen oder die eingelegten Kirschen abtropfen lassen. Unter die Brötchenmasse mischen. Die Eiweiße mit einer Prise Salz steif schlagen und ebenfalls unterheben.

Eine Auflaufform mit Butter einfetten und die Brötchen-Kirschen-Masse einfüllen. Mit der restlichen Butter in Flöckchen belegen und mit dem Zimt bestreuen. Im Backofen auf der mittleren Schiene ca. 45 Minuten backen.

Den Kerscheplotzer noch heiß mit Puderzucker bestäuben und mit Vanillesauce servieren.

Info

Der Kerscheplotzer ist bei Kindern sehr beliebt und kann als süße Haupt- oder als Nachspeise serviert werden.

Pälzer Dambnudle un Woisoß

(Dampfnudeln mit Weinschaumsauce)

Für 4 Personen

Hefeteig
125 ml Milch
25 g Butter
250 g Weizenmehl
15 g frische Hefe
25 g Zucker
1 Ei
Salz

Dämpfen
125 ml Milch
20 g Butter
25 g Zucker
Salz

Weinschaumsauce
250 ml Sahne
4 frische Eigelb
120 g Zucker
120 ml Pfälzer Weißwein

Außerdem
Butter für die Form
Weizenmehl zum Bearbeiten

Für den Hefeteig die Milch erwärmen und die Butter darin schmelzen. Das Mehl in eine große Schüssel sieben, die Hefe in die Mitte bröckeln, den Zucker, das Ei und 1 Prise Salz zugeben. Die Milch über die Hefe gießen und alles gut verrühren, bis der Hefeteig nicht mehr klebt. Den Teig ca. 30 Minuten abgedeckt an einem warmen Ort gehen lassen, bis sich sein Volumen deutlich vergrößert hat.

Eine Auflaufform mit Butter einfetten. Den Hefeteig auf einer leicht bemehlten Arbeitsfläche nochmals durchkneten, daraus kleine Kugeln formen und in die Auflaufform setzen. Die Kugeln weitere 30 Minuten gehen lassen.

Den Backofen auf 180 °C Ober- und Unterhitze vorheizen. Die Milch erwärmen und die Butter darin schmelzen. Die Dampfnudeln mit Zucker und 1 Prise Salz bestreuen und die Milch gleichmäßig darübergießen. Im Backofen backen, bis die Milch verdunstet ist und die Dampfnudeln eine schöne braune Haut haben (ca. 30 Minuten).

Für die Weinschaumsauce die Sahne steif schlagen und kalt stellen. Die Rührbesen säubern und die Eigelbe mit Zucker und Weißwein im heißen Wasserbad cremig aufschlagen. In einem Behälter mit Eiswürfeln kalt rühren. Die Sahne mit einem Schneebesen unterheben. Die Sauce sofort kalt stellen.

Die gekühlte Weinschaumsauce zu den Dampfnudeln servieren.

Info

Achten Sie darauf, dass die Milch nicht zu heiß wird, sonst verliert die Hefe ihre Triebkraft.

Versoffene Schwestern

(Pfannkuchen im Weinsud)

Für 4 Personen

1 Flasche (0,75 l) halbtrockener
Pfälzer Weißwein
1 Zimtstange
Zucker
125 g Weizenmehl
125 ml Milch
1 Ei
Mark von ½ Vanilleschote
Salz
2 EL Butter

Den Wein mit der Zimtstange in einen Topf geben, zum Kochen bringen, vom Herd nehmen und ziehen lassen. Nach Belieben mit Zucker süßen.

Das Mehl mit der Milch, dem Ei, dem Vanillemark, 1 gehäuften EL Zucker und 1 Prise Salz zu einem dünnflüssigen Pfannkuchenteig verrühren. Die Butter in einer heißen Pfanne zerlassen und aus dem Teig nacheinander ca. 2–3 dünne Pfannkuchen backen. Auf Küchenpapier abtropfen lassen. Anschließend aufrollen und in dünne Streifen schneiden.

Den Wein nochmals erwärmen und die Zimtstange herausnehmen. Die Pfannkuchenstreifen zugeben und heiß werden lassen.

Die versoffenen Schwestern auf Dessertschalen verteilen und mit Vanilleeis servieren.

Tipp

Wenn Kinder mitessen, ersetzen Sie den Wein durch Apfel- oder Traubensaft.

Die ersten Spuren des Weinanbaus in der Region zwischen Bingen, Mainz, Alzey und Worms reichen bis in die Römerzeit. Das milde Klima mit fast 1700 Sonnenstunden im Jahr und die fruchtbaren Böden waren die Voraussetzungen, um Rheinhessen zum größten Weinanbaugebiet Deutschlands zu machen. Wo hervorragender Wein wächst, wird traditionell auch darauf geachtet, was auf den Teller kommt. Und das hat in Rheinhessen viel mit Wein zu tun, das verraten schon Namen wie Weingelee, Rieslingsuppe oder Woihinkelsche. Traditionsgerichte wie Spundekäs und Handkäs mit Musik werden in unzähligen Weinwirtschaften zum Riesling, Rivaner oder Weißburgunder gereicht.

Rheinhessen

Spargelcremesuppe

Für 4 Personen

1 kg weißer Spargel
50 g Butter
1 TL Zucker
Salz
1 l Gemüsebrühe
40 g Weizenmehl
Pfeffer
Muskatnuss
3 EL Weißwein aus Rheinhessen
2 frische Eigelb
100 g Crème fraîche

Außerdem
1 Bund Petersilie

Den Spargel waschen, die holzigen Enden abschneiden und die Stangen schälen. Die Schalen mit 20 g Butter, dem Zucker und einer Prise Salz in der kochenden Gemüsebrühe ca. 20 Minuten köcheln. Dann durch ein Sieb gießen und die Flüssigkeit auffangen. Inzwischen die Spargelstangen schräg in Scheiben schneiden.

Die restliche Butter in einem Topf zerlassen und das Mehl darin anschwitzen. Die Brühe unter Rühren zugießen und aufkochen lassen. Die Spargelscheiben in die Suppe geben und ca. 10 Minuten darin garen. Gelegentlich umrühren. Mit Salz, Pfeffer, frisch geriebener Muskatnuss und dem Wein abschmecken.

Die Eigelbe mit der Crème fraîche verrühren und die Suppe damit binden. Nicht mehr kochen lassen.

Die Petersilie waschen, trocken schütteln, die Blättchen von den Stängeln zupfen und fein hacken. Die Suppe mit Petersilie bestreut servieren.

Info

Das Binden von Suppen oder Saucen nennt man Legieren. Dabei muss man aufpassen, dass die mit Ei gebundene Flüssigkeit nicht mehr kocht, sonst gerinnt das Eigelb.

Riesling-Käse-Suppe

Für 4 Personen

1 Stange Lauch
2 mehligkochende Kartoffeln
2 Möhren
1 Zwiebel
1 Knoblauchzehe
2 EL Butter
1 l Hühner- oder Gemüsebrühe
250 ml trockener Riesling
aus Rheinhessen
250 ml Sahne
Salz, Pfeffer

Außerdem
½ Bund Schnittlauch
50 g geriebener Käse
(z. B. Emmentaler)

Den Lauch putzen, waschen und in Ringe schneiden. Die Kartoffeln und Möhren waschen, schälen und würfeln. Die Zwiebel und den Knoblauch schälen und grob würfeln.

Die Butter in einem großen Topf erhitzen. Die Zwiebel und den Knoblauch darin anschwitzen, das Gemüse zugeben und kurz mitanschwitzen. Mit der Brühe ablöschen.

Die Suppe ca. 20 Minuten bei geringer Temperatur kochen lassen. Mit einem Pürierstab fein pürieren und nach Belieben durch ein Sieb passieren. Den Wein und die Sahne zugießen und mit Salz und Pfeffer abschmecken.

Den Schnittlauch waschen, trocken schütteln und in Röllchen schneiden. Die Suppe in tiefen Tellern anrichten. Mit Käse und Schnittlauch bestreut servieren.

Tipp

Pürieren Sie nicht die ganze Suppe, sondern nur einen Teil. Das beiseitegestellte Gemüse als Einlage in die pürierte Suppe geben. Noch sämiger wird die Suppe, wenn Sie ein bis zwei Schmelzkäseecken in ihr zerlassen.

Meenzer Spundekäs

(Pikante Frischkäsecreme)

Foto ›

Für 4 Personen
(5–6 Stunden Standzeit)

1 Zwiebel
1 Knoblauchzehe
400 g Quark (20 % Fett)
½ EL Honig, nach Belieben
50 ml Sahne oder Milch
Salz, Pfeffer
Cayennepfeffer
edelsüßes Paprikapulver
½ rote Zwiebel

Die Zwiebel und den Knoblauch schälen und fein hacken. Mit Quark, Honig, Sahne oder Milch verrühren und mit Salz, Pfeffer, Cayennepfeffer und Paprikapulver pikant abschmecken. Den Spundekäs ca. 5–6 Stunden im Kühlschrank durchziehen lassen.

Die rote Zwiebel schälen und in Streifen schneiden. Den Spundekäs mit Paprikapulver bestäuben und mit Zwiebelstreifen belegen.

Den Spundekäs mit Salzbrezelchen oder Laugenbrezeln als leichte Abendmahlzeit servieren.

Tipp

Wem der Quark nicht cremig genug ist, kann etwas abgekühlte flüssige Butter unterrühren, um eine noch cremigere Konsistenz zu erreichen.

Meenzer Handkees mit Musik

(Eingelegter Käse in Öl-Essig-Sud)

Für 2 Personen
(mind. 1 Tag Standzeit)

2 rote Zwiebeln
1 weiße Zwiebel
250 g Handkäse
100 ml Traubenkernöl
75 ml Weißweinessig
Salz, Pfeffer
Kreuzkümmelsamen,
nach Belieben

Außerdem
½ Bund Petersilie

Die Zwiebeln schälen und in feine Ringe schneiden. Den Käse in dicke Scheiben schneiden.

Die Handkäsescheiben in eine Auflaufform oder ein Tongefäß legen und mit den Zwiebelringen, dem Traubenkernöl und dem Essig bedecken. Mit Salz, Pfeffer und Kreuzkümmel abschmecken. Mindestens einen ganzen Tag abgedeckt ziehen lassen. Die Petersilie waschen, trocken schütteln, die Blättchen von den Stängeln zupfen und hacken. Den Handkäse mit Petersilie bestreut servieren.

Tipp

Der Handkäse hat zwar einen sehr extremen Geruch, passt allerdings hervorragend als Vorspeise oder deftiges Vesper zu gebuttertem Pumpernickel oder Graubrot. Man kann ihn gut 2–3 Tage ziehen lassen.

Schwartenmagen-Carpaccio

‹ Foto

Für 4 Personen

**Dressing
(60 Minuten Standzeit)**
1 rote Zwiebel
1 Bund Schnittlauch
3 EL weißer Balsamicoessig
6 EL Olivenöl
Salz, Pfeffer

Schwartenmagen
400 g Schwartenmagen

Für das Dressing die Zwiebel schälen, halbieren und in feine Streifen schneiden. Den Schnittlauch waschen, trocken schütteln und in Röllchen schneiden. Den Balsamicoessig, das Olivenöl und die Schnittlauchröllchen vermischen und mit Salz und Pfeffer abschmecken. Mindestens 60 Minuten durchziehen lassen.

Den Schwartenmagen in hauchdünne Scheiben schneiden und auf Tellern leicht überlappend anrichten. Mit Dressing beträufeln und darauf die Zwiebelstreifen verteilen. Mit geröstetem Graubrot servieren.

Tipp

Lassen Sie sich den Schwartenmagen beim Metzger in hauchdünne Scheiben schneiden. So werden die Scheiben gleichmäßig.

Wingertsknorze
(Roggenbrötchen mit Speck und Zwiebeln)

Für ca. 15 Stück
(mind. 17 Stunden Standzeit)

150 g Sauerteig (vom Bäcker
oder im gut sortierten Bioladen)
450 g Roggenmehl (Type 1150)
400–450 ml Wasser
500 g Dinkelmehl (Type 1050)
1–2 EL Salz
250–350 ml Bier
30 g Röstzwiebeln
50 g Speckwürfel

Den Sauerteig mit dem Roggenmehl und Wasser zu einem weichen, aber nicht zu flüssigen Teig verrühren. Offen an einem warmen Ort mindestens 12 Stunden ruhen lassen. 150 g Sauerteig abnehmen und für das nächste Backen aufbewahren.

Den Vorteig mit dem Dinkelmehl, dem Salz und etwas Bier verrühren. Das Bier nicht auf einmal zugießen, da die benötigte Flüssigkeit je nach Qualität des Mehls schwanken kann. Den Teig in einer Küchenmaschine bei kleiner Stufe ca. 10 Minuten kneten. Zum Schluss die Röstzwiebeln und den Speck unterkneten. Den Teig abgedeckt bei Zimmertemperatur ca. 5 Stunden ruhen lassen bis er Blasen wirft.

Den Teig nochmals kurz durchkneten, kleine längliche Brötchen daraus formen (ca. 100 g) und leicht in sich drehen. Die Teiglinge sollten wie kleine Wurzeln aussehen. Auf ein mit Backpapier ausgelegtes Backblech legen und abgedeckt ca. 30 Minuten ruhen lassen.

Den Backofen auf 220 °C Ober- und Unterhitze vorheizen. Die Teiglinge mit etwas Wasser besprenkeln und in den Backofen schieben. Eine Tasse heißes Wasser in eine Auflaufform gießen und auf den Boden stellen. Die Temperatur auf 180–200 °C reduzieren und die Wingertsknorze ca. 30 Minuten backen.

Omas Zwiwwelkuche

(Omas Zwiebelkuchen)

Für ca. 20 Stücke

Hefeteig
400 g Weizenmehl
1 Würfel Hefe (42 g)
1 Ei
1 Prise Salz
250 ml Milch
6 EL Rapsöl

Belag
6–7 große Zwiebeln
2 EL Rapsöl
200 g Dörrfleisch
1 EL Kümmelsamen
weißer Pfeffer
300 g Schmand
300 ml Sahne
4 Eier
Salz

Außerdem
Weizenmehl zum Bearbeiten

Für den Hefeteig alle Zutaten miteinander verkneten und abgedeckt an einem warmen Ort ca. 60 Minuten gehen lassen, bis er den Umfang verdoppelt hat. Dann nochmals auf einer leicht bemehlten Arbeitsfläche gut durchkneten und in Größe des Backblechs ausrollen. Ein tiefes Backblech mit Backpapier auslegen und den Teig darauflegen.

Den Backofen auf 220 °C Ober- und Unterhitze vorheizen.

Für den Belag die Zwiebeln schälen und in Ringe schneiden. In einer Pfanne das Öl erhitzen und die Zwiebelringe darin anschwitzen. Abkühlen lassen. Das Dörrfleisch würfeln. Die Zwiebeln mit dem Dörrfleisch, Kümmel sowie frisch gemahlenem weißen Pfeffer mischen und auf dem Teig verteilen. Den Schmand und die Sahne mit den Eiern verquirlen, mit Salz und Pfeffer würzen und gleichmäßig auf der Zwiebelmischung verteilen.

Den Zwiebelkuchen im Backofen auf mittlerer Schiene ca. 30–40 Minuten backen und noch warm servieren.

Info

Zum Zwiebelkuchen wird neuer Wein getrunken, Federweißer oder Roter Rauscher genannt.

Backesgrumbeere
(Gebackene Kartoffeln)

Für 6 Personen

1,5 kg festkochende Kartoffeln
3 Zwiebeln
500 g gepökeltes Bauchfleisch
350 g Dörrfleisch
1 Bund Petersilie
Salz, Pfeffer
5 Lorbeerblätter
1 l Weißwein aus Rheinhessen
250 g saure Sahne

Außerdem
2 EL gehackte Petersilie

Den Backofen auf 250 °C Ober- und Unterhitze vorheizen.
Die Kartoffeln waschen, schälen und in dünne Scheiben schneiden.
Die Zwiebeln schälen und in feine Ringe schneiden. Das Bauch- und
Dörrfleisch würfeln. Die Petersilie waschen, trocken schütteln, die
Blättchen von den Stängeln zupfen und hacken.

Die Kartoffelscheiben abwechselnd mit den Zwiebelringen sowie den
Bauch- und Dörrfleischwürfeln in eine große Auflaufform oder einen
Bräter schichten. Jede Schicht mit Salz, Pfeffer und Lorbeerblättern
würzen. Die letzte Schicht mit Kartoffelscheiben abschließen.

Den Wein darübergießen und die Kartoffelscheiben mit saurer Sahne
bestreichen. Die Form oder den Bräter im unteren Drittel in den Backofen schieben. Ca. 15 Minuten backen, dann die Temperatur auf 180 °C
reduzieren und ca. 2 Stunden fertig backen.

Die Backesgrumbeere direkt aus dem Backofen mit Petersilie bestreut servieren.

Dazu passt grobe Bratwurst.

Tipp

*Durch die Verwendung von festkochenden Kartoffeln behalten die Schei-
ben ihre Form weitestgehend bei.*

Backesbroode

(Gebackener, gefüllter Braten)

Für 6 Personen

Füllung
300 g festkochende
Kartoffeln
1 Zwiebel
100 g Speck
2 EL Sonnenblumenöl
2 Stängel Salbei
3 Zweige Thymian
2 Eier
Salz, Pfeffer
Muskatnuss

Braten
1,5 kg ausgelöster
Schweinenacken
Salz, Pfeffer
5 Möhren
1 kleiner Knollensellerie
1 Stange Lauch
250 ml Fleischbrühe
Speisestärke

Den Backofen auf 180 °C Ober- und Unterhitze vorheizen.
Die Kartoffeln waschen, schälen und würfeln. Die Zwiebel schälen
und mit dem Speck ebenfalls würfeln. In einer Pfanne das Öl erhitzen und darin Zwiebel- und Speckwürfel sowie die Kartoffeln
ca. 10 Minuten braten. Anschließend auskühlen lassen. Die Kräuter
waschen, trocken schütteln, die Blätter abzupfen und hacken. Die
Eier mit der Kartoffel-Speck-Masse und den Kräutern vermischen.
Mit Salz, Pfeffer und frisch geriebener Muskatnuss würzen.

Den Schweinenacken waschen und trocken tupfen. Mit einem Messer eine große Tasche in das Fleisch schneiden, innen und außen mit
Salz und Pfeffer würzen. Die Kartoffelfüllung in die Fleischtasche geben und mit Zahnstochern oder Küchengarn verschließen.

Möhren und Knollensellerie schälen und in Würfel schneiden. Den
Lauch putzen, waschen und in Ringe schneiden. Das Fleisch mit dem
Gemüse und der Fleischbrühe in einen Bräter geben und abgedeckt
im Backofen ca. 80 Minuten schmoren. Anschließend den Braten aus
dem Bräter nehmen und warm stellen.

Den Bratenfond durch ein Sieb gießen, mit in kaltem Wasser angerührter Speisestärke zur gewünschten Konsistenz binden und nochmals abschmecken.

Den Braten in Scheiben schneiden und mit der Sauce auf Tellern anrichten. Dazu Kartoffel- oder Semmelknödel und etwas Krautsalat
servieren.

Tipp

*Sämiger wird die Sauce, wenn Sie das Gemüse pürieren und anschlie-
ßend durch ein Sieb streichen.*

Dippehaas

(Geschmorter Hase in Rotwein)

Für 4–6 Personen

Dippehaas
1 küchenfertiger (Feld-)Hase
2 Zwiebeln
200 g Speck
2 Knoblauchzehen
1 Scheibe Brot
1 Prise frisch geriebene
Muskatnuss
3 Nelken
1 Lorbeerblatt
5 Wacholderbeeren
Salz, Pfeffer
200 g saure Sahne
4 EL Weizenmehl
1 l trockener Rotwein
aus Rheinhessen

Mehlteig
4 EL Weizenmehl
2 EL Wasser

Den Backofen auf 200 °C Ober- und Unterhitze vorheizen.
Den Hasen waschen und trocken tupfen. Das Fleisch des Hasen von den Knochen lösen und in Stücke zerteilen. Die Zwiebeln schälen und würfeln. Den Speck in Würfel schneiden. Die Knoblauchzehen schälen und grob hacken.

Die Speckwürfel in einer Pfanne auslassen und die Zwiebeln im Speckfett unter Rühren anschwitzen. Die Zwiebel-Speck-Mischung in einen großen Bräter geben und die Hasenstücke darauflegen. Das Brot von der Kruste befreien und darüberbröseln. Den Knoblauch und die Gewürze zugeben und mit Salz und Pfeffer würzen. Die saure Sahne mit dem Mehl und dem Rotwein verrühren und über das Fleisch gießen.

Für den Mehlteig aus Mehl und Wasser einen Teig anrühren. Den Rand des Bräters damit einstreichen, sodass der Deckel fest schließt. Den Dippehaas im Backofen ca. 1,5–2,5 Stunden garen.

Nach Ende der Garzeit den Deckel abnehmen und nochmals abschmecken. Den Dippehaas mit Kartoffelklößen und Rotkraut servieren.

Info

Einen geschossenen Feldhasen bekommen Sie beim Jäger Ihres Vertrauens. Alternativ können Sie beim Metzger auch Kaninchen bestellen.

Grobe Bratwurst mit Kartoffelpüree und Gewürzrotkohl

Für 4 Personen

Gewürzrotkohl
500 g Rotkohl
1 Apfel
1 kleine Zwiebel
2 EL Butterschmalz
25 ml Rotwein- oder
Himbeeressig
100 ml Wasser
1 Lorbeerblatt
gemahlene Zimtblüte
oder Zimtpulver
Zucker
Salz, Pfeffer
50 ml passiertes Himbeerpüree
oder Himbeerkonfitüre
Speisestärke, nach Belieben

Kartoffelpüree
800 g mehligkochende Kartoffeln
Salz
½ Bund Petersilie
150 ml Milch
50 g Butter
Pfeffer
Muskatnuss

Bratwürste
4 grobe Bratwürste
Hausmacher Art
2 EL Öl oder Butterschmalz

Für den Gewürzrotkohl den Rotkohl putzen, waschen, den Strunk herausschneiden und den Rotkohl fein hobeln. Den Apfel schälen, halbieren, das Kerngehäuse entfernen und das Fruchtfleisch würfeln. Die Zwiebel schälen und ebenfalls in Würfel schneiden. Das Schmalz in einem Topf erhitzen und die Zwiebelwürfel darin goldgelb anschwitzen. Den Rotkohl zugeben und mit Essig und Wasser ablöschen. Bei mittlerer Temperatur ca. 20 Minuten köcheln. Dann die Apfelwürfel und die Gewürze zugeben und den Kohl weitere 15 Minuten köcheln. Mehrmals umrühren. Kurz bevor der Rotkohl gar ist, das Fruchtpüree bzw. die Konfitüre unterrühren und nochmals kräftig abschmecken. Das Lorbeerblatt entfernen. Den Rotkohl nach Belieben mit in etwas kaltem Wasser angerührter Speisestärke zur gewünschten Konsistenz binden.

Für das Kartoffelpüree die Kartoffeln waschen, schälen, halbieren und in kochendem Salzwasser weich garen. Die Petersilie waschen, trocken schütteln, die Blätter von den Stängeln zupfen und hacken. Die Milch mit der Butter erwärmen. Die gekochten Kartoffeln abgießen, durch eine Kartoffelpresse drücken und mit der warmen Milch-Butter-Mischung zu einem cremigen Püree verrühren. Mit Salz, Pfeffer und frisch geriebener Muskatnuss abschmecken. Zum Schluss die Petersilie unterheben und warm stellen.

Die Bratwürste im heißen Öl oder Schmalz bei mittlerer Temperatur langsam von beiden Seiten braten, bis sie gar sind. Mit dem Kartoffelpüree und dem Gewürzrotkohl servieren.

Tipp

Wer das Kartoffelpüree noch cremiger mag, kann kurz vor dem Servieren etwas geschlagene Sahne unterheben.

Woihinkelsche

(Rieslinghühnchen)

Für 6 Personen

2 Zwiebeln
200 g Möhren
400 g Champignons
3 Knoblauchzehen
2 küchenfertige Hühnchen
(ca. 1 kg)
3 EL Butterschmalz
2 EL Cognac
500 ml trockener Riesling
aus Rheinhessen
250 ml Sahne
4 frische Eigelb
Salz, Pfeffer
3 Stängel glatte Petersilie
2 Stängel Estragon

Die Zwiebeln schälen und würfeln. Die Möhren schälen und in Würfel schneiden. Die Champignons putzen, mit einem Pinsel säubern und vierteln. Der Knoblauch schälen und durch eine Presse drücken. Die Hühnchen waschen, trocken tupfen, in Stücke zerteilen und mit Knoblauch einreiben.

In einem Schmortopf 2 EL Butterschmalz erhitzen, und die Hühnchenstücke darin von allen Seiten gut anbraten. Mit Cognac ablöschen und flambieren. In einem Topf das restliche Butterschmalz erhitzen und die Zwiebelwürfel und Champignonviertel darin anbraten. Die Zwiebel-Champignon-Mischung zu den Hühnchen geben und den Wein angießen. Alles ca. 30–35 Minuten bei mittlerer Temperatur köcheln. Zum Schluss die Sahne und die Eigelbe verrühren und die Sauce damit binden. Mit Salz und Pfeffer abschmecken.

Die Petersilie und den Estragon waschen, trocken schütteln, die Blättchen von den Stängeln zupfen und hacken. Vor dem Servieren unter die Woihinkelche heben.

Dazu schmecken Bandnudeln oder Kartoffeln.

Tipp

Nach Belieben noch einige weiße und rote Trauben in einer Pfanne in Butter anschwitzen und mit etwas Puderzucker bestäuben. Die karamellisierten Trauben über dem Woihinkelsche verteilen.

Evas Käsekuchen

Für 12 Kuchenstücke

**Mürbeteig
(60 Minuten Standzeit)**
75 g kalte Butter
30 g Zucker
1 Prise Salz
1 Ei
150 g Weizenmehl

Füllung
20 g Vanillepuddingpulver
300 ml Milch
170 g Zucker
4 Eier
80 g weiche Butter
2 EL Kirschwasser
Saft und Abrieb
von 1 unbehandelten Zitrone
800 g Quark (40 % Fett)
20 g Grieß
20 g Weizenmehl

Außerdem
Butter für die Form
Puderzucker, nach Belieben

Für den Mürbeteig die Zutaten zu einem geschmeidigen Teig verkneten, zu einer Kugel formen und in Klarsichtfolie gewickelt ca. 60 Minuten kühl stellen.

Den Backofen auf 220 °C Ober- und Unterhitze vorheizen. Eine Springform (Ø 26 cm) mit Butter einfetten. Zwei Drittel des Mürbeteigs auf dem Springformboden ausrollen. Mehrfach mit einer Gabel einstechen und mit dem Springformrand umstellen. Den Boden im Backofen ca. 5–10 Minuten vorbacken. Dann aus dem Ofen nehmen und auskühlen lassen. Die Temperatur auf 200 °C reduzieren.

Für die Füllung das Puddingpulver mit etwas Milch glatt rühren. Die übrige Milch mit 70 g Zucker aufkochen, das Puddingpulver einrühren und einmal aufkochen. Anschließend abkühlen lassen und durch ein Sieb streichen.

Die Eier trennen. Die Eiweiße mit dem restlichen Zucker steif schlagen. Die Butter mit den Eigelben, dem Kirschwasser, Zitronensaft, der Zitronenschale, dem Quark, Grieß und Mehl verrühren. Anschließend unter die Vanillecreme rühren. Den Eischnee locker unter die Quarkmasse heben.

Aus dem restlichen Mürbeteig einen etwa 3 cm hohen Rand formen und an den vorgebackenen Mürbeteig legen. Die Quarkmasse auf den Teig geben und den Kuchen auf dem Rost auf der untersten Schiene im Backofen ca. 50 Minuten backen. Auskühlen lassen und nach Belieben mit Puderzucker bestäuben.

Tipp

Nach etwa 10 Minuten Backzeit die aufgegangene Quarkmasse direkt über dem Mürbeteigrand leicht einschneiden, damit die Oberfläche später nicht so stark einbricht. Falls die Oberfläche zum Ende des Backvorgangs zu dunkel wird, mit einem Bogen Backpapier abdecken.

Crème brûlée mit marinierten Erdbeeren

Für 4 Personen

Crème brûlée
1 Vanilleschote
200 ml Milch
500 ml Sahne
6 frische Eigelb
110 g Zucker

Erdbeeren
200 g Erdbeeren
Puderzucker
2 cl Orangenlikör
(z. B. Grand Marnier)

Außerdem
50 g brauner Zucker

Den Backofen auf 100 °C Ober- und Unterhitze vorheizen.

Die Vanilleschote längs aufschneiden und das Mark herauskratzen. Das Vanillemark mit der Milch und Sahne in einem Topf aufkochen. Die Eigelbe mit dem Zucker verrühren und in einem heißen Wasserbad cremig aufschlagen. Die Milch-Sahne-Mischung zugießen und so lange rühren, bis die Flüssigkeit bindet. Anschließend durch ein feines Sieb passieren.

Die Masse in 4 feuerfeste Förmchen füllen und nebeneinander in eine Auflaufform stellen. Die Form zur Hälfte mit heißem Wasser füllen. Die Crème im Backofen ca. 45–50 Minuten stocken lassen. Aus dem Ofen nehmen und abkühlen lassen.

Die Erdbeeren waschen, putzen, trocken tupfen und vierteln. Mit 20 g Puderzucker und Orangenlikör mischen und einige Zeit durchziehen lassen.

Vor dem Servieren die abgekühlte Crème brûlée mit braunem Zucker bestreuen und mit einem Bunsenbrenner flambieren. Die Zuckerkruste der Crème brûlée sollte schön knackig und noch heiß sein.

Die Crème brûlée mit den marinierten Erdbeeren anrichten und die Erdbeeren noch mit Puderzucker bestäuben.

Tipp

Wer keinen Bunsenbrenner besitzt, stellt die mit Zucker bestreuten Förmchen unter den vorgeheizten Backofengrill. Dabei den Schmelzvorgang beobachten, damit der Zucker nicht schwarz wird.

Kreppel

(Variante des Berliner Pfannkuchens)

Für 16 Stück

Hefeteig
125 ml Milch
100 g Butter
500 g Weizenmehl
1 Päckchen Trockenhefe
30 g Zucker
1 Päckchen Vanillezucker
3 Tropfen Bittermandelaroma
1 gestrichener TL Salz
2 Eier
1 Eigelb

Füllung
300 g Konfitüre nach Geschmack
oder 250 g Pflaumenmus

Außerdem
Weizenmehl zum Bearbeiten
Pflanzenöl zum Frittieren
Puderzucker zum Wenden

Die Milch in einem kleinen Topf leicht erwärmen und die Butter darin schmelzen. Das Mehl in eine Schüssel sieben und gut mit der Trockenhefe vermischen. Die übrigen Zutaten sowie die lauwarme Milch-Butter-Mischung hinzufügen und alles mit den Knethaken eines Handrührgeräts oder einer Küchenmaschine zu einem glatten Teig verarbeiten. Abgedeckt an einem warmen Ort so lange gehen lassen, bis sich das Volumen fast verdoppelt hat.

Dann den Teig auf einer leicht bemehlten Arbeitsfläche mit den Händen noch einmal gut durchkneten und in 16 gleich große Stücke teilen. Jedes Teigstück zu einem Bällchen rollen. Abgedeckt nochmals gehen lassen, bis sich die Bällchen sichtbar vergrößert haben.

In der Zwischenzeit das Öl in einem großen Topf oder in einer Fritteuse erhitzen. Die Temperatur mit der Holzstielmethode (siehe Seite 66) prüfen. Die Teigbällchen portionsweise im heißen Fett von beiden Seiten goldbraun frittieren, mit einem Schaumlöffel herausnehmen und auf Küchenpapier gut abtropfen lassen.

Die Kreppel noch heiß in Puderzucker wenden und auf einem Kuchenrost auskühlen lassen.

Für die Füllung die Konfitüre oder das Mus durch ein Sieb streichen und in einen Spritzbeutel mit Lochtülle füllen. In jeden Kreppel damit seitlich durch den hellen Rand etwas Konfitüre oder Pflaumenmus spritzen.

Tipp

Als Füllungsvariante eignet sich auch das Weingelee von Seite 127.

Weingelee

Für 5 Twist-off-Gläser
à 300 ml Inhalt

1 l trockener Weißwein
1 kg Gelierzucker 2:1
40 ml Tresterbrand

Den Weißwein mit dem Gelierzucker in einem Topf verrühren und
zum Kochen bringen. Ca. 3–4 Minuten sprudelnd kochen, dann
die Gelierprobe durchführen: Einige Tropfen Gelee auf einen kal-
ten Teller geben. Wird der Tropfen fest, ist das Gelee fertig.

Das Gelee in sterilisierte Gläser mit Schraubverschluss füllen und
in jedes Glas einen Schuss Tresterbrand geben. Mit dem Deckel fest
verschließen und ca. 5–10 Minuten auf den Kopf stellen. Auskühlen
lassen.

Das Weingelee schmeckt als Brotaufstrich oder als Dessert mit
warmer Vanillesauce.

Tipp

Geben Sie entkernte Traubenhälften in das Gelee.

„**O du schöner Westerwald, über deine Höhen pfeift der Wind so kalt**". Die berühmten Zeilen aus dem Westerwaldlied erinnern an die raue Landschaft. Und auch daran, dass die Küche der Region keine Küche des Wohlstandes ist. Der Westerwälder Ischelbraten bekam seinen Namen im Hungerwinter 1635/1636, als die Menschen in ihrer Not sogar Igel brieten. Bis heute wissen Westerwälder mit heimischen Produkten, mit Kartoffeln, Gemüse, Hafer-, Roggen- und Weizenmehl, mit Milch und Eiern kreativ umzugehen. Ein Gericht gibt es in unzähligen Varianten, und mit nur einer Grundzutat zaubern Westerwälder verschiedene, köstliche Speisen. Aus Kartoffeln beispielsweise wird Brot gebacken. Und Bier, das hier gerne getrunken wird, kommt auch in die Suppe.

Westerwald

Westerwälder Biersuppe

Für 4 Personen

½ Vanilleschote
750 ml dunkles Bier
1 Stück Schale einer
unbehandelten Zitrone
Zimtpulver
2 frische Eigelb
60 g Zucker
4 EL Sahne
1 EL Speisestärke
Salz

Die Vanilleschote längs aufschneiden und das Mark herauskratzen. Das Bier in einem Topf mit der Zitronenschale, 1 Prise Zimt, der Vanilleschote und dem Mark erwärmen.

Die Eigelbe mit dem Zucker und der Sahne in einem heißen Wasserbad schaumig schlagen, danach die Stärke einrühren. Das Bier mit den Gewürzen unter Rühren langsam zugießen. Sobald die Suppe andickt, mit etwas Salz abschmecken. Die Zitronenschale und Vanilleschote entfernen.

Die Biersuppe warm oder kalt servieren. Dazu Sauerteig- oder das Kartoffelbrot von Seite 136 reichen.

Tipp

Verfeinern Sie die Biersuppe mit Rum und Rosinen. Alternativ zum Bier können Sie auch Weißwein und anstelle von Rum und Rosinen auch halbierte, kernlose Trauben zugeben.

Westerwälder Brotsuppe

Für 4 Personen

Brotsuppe
1 Tomate
1 Möhre
1 Zwiebel
50 g Speck
150 ml Brot vom Vortag
750 ml Fleischbrühe
Salz, Pfeffer

Einlage
2 EL Sonnenblumenkerne
1 Scheibe Brot vom Vortag
1 EL Butter
Salz
2 Stängel Petersilie
4 TL saure Sahne
2 EL Schinkenwürfel

Die Tomate mit heißem Wasser übergießen, häuten, den Strunk sowie die Kerne entfernen und das Fruchtfleisch grob würfeln. Die Möhre und Zwiebel schälen, beides ebenfalls würfeln. Den Speck würfeln. Das Brot in kleine Stücke zupfen. Die Speckwürfel in einem Topf auslassen und die Zwiebel- und Möhrenwürfel darin anschwitzen. Mit Brühe ablöschen. Die Tomate sowie das Brot zugeben und ca. 15–20 Minuten köcheln. Die Suppe mit einem Pürierstab pürieren und mit Salz und Pfeffer abschmecken.

Für die Einlage die Sonnenblumenkerne in einer Pfanne ohne Fett rösten, herausnehmen und auskühlen lassen. Das Brot in feine Würfel schneiden. In der Pfanne die Butter zerlassen, die Brotwürfel darin knusprig braten und leicht salzen. Die Petersilie waschen, trocken schütteln, die Blättchen von den Stängeln zupfen und hacken.

Die Suppe auf tiefe Teller verteilen. Jeweils 1 TL saure Sahne zugeben und mit Sonnenblumenkernen, Croûtons, Schinkenwürfeln und gehackter Petersilie anrichten.

Tipp

Wer es mediterran mag, kann alternativ zum Speck bzw. Schinken Chorizowürfel verwenden und die Petersilie durch Basilikum ersetzen.

Wirsingsalat

Für 4 Personen

Salat
1 kleiner Wirsing (ca. 600 g)
Salz
3 gekochte Pellkartoffeln
1 EL Butter
Pfeffer

Dressing
1 Bund Schnittlauch
1 Zwiebel
50 g Speck
1 EL Sonnenblumenöl
2 EL Sherryessig
4 EL Walnussöl
1 TL Senf
Salz, Pfeffer

Den Wirsing vierteln, den Strunk herausschneiden, die Blätter in sehr schmale Streifen schneiden, waschen und abtropfen lassen. In ausreichend kochendem Salzwasser ca. 7 Minuten garen. In ein Sieb abgießen, eiskalt abschrecken und sehr gut abtropfen lassen. Die Kartoffeln pellen und in Würfel schneiden. In einer Pfanne die Butter zerlassen und die Kartoffelwürfel darin rundherum kurz anbraten. Die Wirsingstreifen zugeben, alles kurz durchschwenken, salzen und pfeffern. Dann in eine Schüssel umfüllen.

Für das Dressing den Schnittlauch waschen, trocken schütteln und in Röllchen schneiden. Die Zwiebel schälen, halbieren und mit dem Speck in Streifen schneiden. In der bereits verwendeten Pfanne das Sonnenblumenöl erhitzen und die Zwiebel- und Speckstreifen darin anschwitzen. Den Sherryessig mit dem Walnussöl und Senf verrühren und mit Salz und Pfeffer abschmecken. Die Schnittlauchröllchen sowie die Zwiebel-Speck-Mischung zugeben.

Das Dressing mit den Kartoffelwürfeln und den Wirsingstreifen mischen und servieren.

Reichen Sie dazu gebratene Kaninchen- oder Perlhuhnbrust.

Tipp

Statt Kartoffelwürfel schmecken auch hart gekochte Eier sehr gut dazu. Diese in Viertel schneiden und zum Schluss unter den Salat mischen.

Kartuffelskröbbelsche

(Kartoffelreibekuchen)

Für 4 Personen

1 Zwiebel
500 g vorwiegend fest-
kochende Kartoffeln
1 EL Weizenmehl
1 Ei
Salz, Pfeffer
Muskatnuss
Zucker
3 EL Butterschmalz
oder Pflanzenöl

Die Zwiebel schälen und fein würfeln. Die Kartoffeln schälen, waschen und auf einer Küchenreibe grob raspeln. Die Kartoffelraspel in einem sauberen Küchenhandtuch ausdrücken. Das Mehl mit dem Ei verrühren und mit den Zwiebelwürfeln zu der Kartoffelraspelmasse geben. Mit Salz, Pfeffer, frisch geriebener Muskatnuss und 1 Prise Zucker abschmecken.

Das Fett in einer beschichteten Pfanne erhitzen. Aus dem Kartoffelteig portionsweise knusprige kleine Reibekuchen backen. Auf Küchenpapier abtropfen lassen und im Backofen warm halten.

Die Reibekuchen z. B. mit Apfelpüree (siehe Seite 23) servieren.

Tipp

Mit eingekochten Birnen und Zimtblüten-Zucker serviert, ergeben die Kartuffelskröbbelsche ein tolles Gericht!

Kartoffelbrot

Foto ›

Für 1 Brot

500 g vorwiegend festkochende
Kartoffeln
125 ml Wasser
500 g Weizenmehl (Type 550)
1 TL Salz
1 Päckchen Trockenhefe
2 EL Olivenöl
1 TL Zucker

Außerdem
Weizenmehl zum Bearbeiten

Die Kartoffeln waschen und schälen. Auf einer Küchenreibe in eine Schüssel reiben. Das Wasser aufkochen und darübergießen. In einer zweiten Schüssel das Mehl mit dem Salz und der Trockenhefe mischen. Das Olivenöl und den Zucker unter die Kartoffeln mischen. Die Mehlmischung dazugeben und alles sorgfältig verkneten.

Den Teig auf einer leicht bemehlten Arbeitsfläche ca. 5 Minuten zu einem glatten Teig kneten. Sollte der Teig noch etwas kleben, 1–2 EL Mehl unterkneten. Den Teig in eine Schüssel geben und abgedeckt an einem warmen Ort gehen lassen, bis sich das Volumen deutlich vergrößert hat. Dann erneut durchkneten und zu einem runden Laib formen. Mehrmals mit der Spitze eines Messers einstechen oder mit einer Schere einschneiden.

Den Backofen auf 225 °C Ober- und Unterhitze vorheizen. Den Brotlaib auf ein mit Backpapier ausgelegtes Backblech legen und im Backofen im unteren Drittel ca. 25 Minuten backen. Die Temperatur auf 200 °C reduzieren und weitere 30 Minuten backen. Aus dem Ofen nehmen und auf einem Gitter abkühlen lassen.

Tipp

Klopft man an die Unterseite des Brots und es klingt hohl, ist es durchgebacken. Ansonsten noch einmal für einige Minuten weiterbacken.

Eierkäse

Für 6–8 Personen
(Standzeit über Nacht)

8 Eier
Salz
500 ml Milch
1–2 TL Zucker

Außerdem
Zucker
Zimtpulver

Die Eier mit einer Prise Salz in einer Schüssel verquirlen. Die Milch zugießen und mit dem Zucker abschmecken. Die Eimasse in einem heißen Wasserbad ca. 30 Minuten stocken lassen, dabei ab und zu umrühren. Die Masse in eine Eierkäseform oder ein Sieb füllen und ca. 1–2 Stunden oder am besten über Nacht abtropfen lassen. Den fertigen Eierkäse stürzen und in Scheiben schneiden. Mit Zucker und Zimt bestreuen und zu Weißbrot oder Hefezopf reichen.

Info

Eine echte Westerwälder Eierkäseform ist 11 cm hoch, hat einen Durchmesser von 11 cm, und sieht aus wie eine große Tasse. An den Seiten und der Unterseite ist sie wie ein Sieb gelocht, damit die Flüssigkeit abtropfen kann. Daher sollte ein Teller darunter stehen.

Süß-sauer eingelegte Heringe

Für 4 Personen
(Standzeit ca. 2 Tage)

8 küchenfertige Heringfiletpaare
800 ml Weißweinessig
800 ml Wasser
1 TL Salz
250 g Zucker
1 TL Pimentkörner
1 TL schwarze Pfefferkörner
4 weiße Zwiebeln
4 rote Zwiebeln
2 Knoblauchzehen

Die Heringsfilets waschen und trocken tupfen. Aus dem Weißweinessig und Wasser eine Marinade bereiten und die Heringe darin über Nacht ziehen lassen. Danach das Essigwasser wegschütten. Die Heringe trocken tupfen.

In einer Schüssel das Salz und den Zucker mit den Piment- und Pfefferkörnern vermischen. Die Zwiebeln schälen und in feine Ringe schneiden. Die Knoblauchzehen schälen.

Die Heringsfilets lagenweise in einen Tontopf schichten: Die ersten vier Heringe mit der Hälfte der Salz-Zucker-Mischung bestreuen und mit der Hälfte der Zwiebelringe sowie einer Knoblauchzehe belegen. Darauf die restlichen Filets legen und mit Zwiebelringen und der letzten Knoblauchzehe bedecken. Die Heringe einen Tag an einem kühlen Ort durchziehen lassen.

Eingelegte Heringe mit einer Apfel-Schmand-Sauce oder pur zu Graubrot mit Butter und Schnittlauchröllchen servieren.

Info

Das Einlegen der Heringe diente früher dazu, sie haltbar zu machen. In der heutigen Zeit braucht man sich aber darüber keine Gedanken zu machen und kann dieses leckere Gericht einfach nur genießen.

Aschenbraten

Für 8 Personen

4 Gemüsezwiebeln
3 Tomaten
4 Knoblauchzehen
2 Zweige Rosmarin
1 Schweinekammbraten
(ca. 2,5 kg)
Salz, Pfeffer
edelsüßes Paprikapulver
Chilipulver
3 EL geriebener Meerrettich
aus dem Glas
2 EL Senf
6 Scheiben Bauchspeck,
ca. 5 mm dick

Die Glut einer Feuerstelle vorbereiten.
Die Zwiebeln schälen und in Ringe schneiden. Die Tomaten waschen und in Scheiben schneiden, dabei den Strunk entfernen. Den Knoblauch schälen und fein hacken. Den Rosmarin waschen, trocken schütteln, die Nadeln von den Zweigen zupfen und ebenfalls fein hacken. Das Bratenfleisch waschen und trocken tupfen. Kräftig mit Salz, Pfeffer, Paprika, Chili, Knoblauch und Rosmarin würzen und rundherum mit einer Mischung aus Meerrettich und Senf bestreichen.

Zwei große Bögen Aluminiumfolie zuschneiden und übereinanderlegen. In die Mitte die Bauchspeckscheiben legen und darauf den Braten geben. Diesen mit Zwiebel- und Tomatenscheiben belegen, dann fest in der Aluminiumfolie verpacken und in Zeitungspapier einwickeln.

Das Alupäckchen an den Rand einer Feuerstelle in die Glut legen und vollständig mit Asche bedecken. Ca. 90 Minuten in der Glut ziehen lassen und ab und zu mit neuer Asche bestreuen. Mithilfe einer Zange das Päckchen vorsichtig aus der Asche nehmen.

Beim Auspacken am besten Handschuhe anziehen. Den Braten in Scheiben schneiden und mit den Westerwälder Kartoffelklößen (siehe Seite 143) servieren.

Tipp

Wenn Sie den Braten im Backofen zubereiten möchten, heizen Sie den Ofen auf der höchsten Stufe vor. Wickeln Sie das Bratenpäckchen nur in Alufolie und legen es auf ein Backblech. Achtung, es kann zu einer starken Rauchentwicklung kommen.

Rinderfilet mit Rübstiel

‹ Foto

Für 3 Personen

Rübstiel
1 kg Rübstiel
2 EL Sonnenblumenöl
Salz
2 EL Butter
1 EL Weizenmehl
200 ml Milch
Pfeffer
Abrieb von 1 unbehandelten
Zitrone
Muskatnuss

Rinderfilet
3 Rinderfiletstücke
(à ca. 200 g, z. B. vom
Westerwälder Galloway-Rind)
½ Bund Thymian
2 Knoblauchzehen
2 EL Butterschmalz
Salz, Pfeffer

Den Rübstiel gut waschen, abtropfen lassen und in ca. 4–5 cm lange Stücke schneiden. Das Öl in einem Topf erhitzen und den Rübstiel darin kurz andünsten. Salzen und abgedeckt ca. 10 Minuten unter gelegentlichem Umrühren dünsten. Die Butter in einem Topf erhitzen, das Mehl zugeben und unter Rühren anschwitzen. Mit der Milch ablöschen und ca. 5 Minuten köcheln lassen. Mit Salz, Pfeffer, Zitronenabrieb und frisch geriebener Muskatnuss abschmecken und mit dem Rübstiel vermischen. Warm stellen.

Den Backofen auf 180 °C Ober- und Unterhitze vorheizen. Die Filetstücke waschen und trocken tupfen. Den Thymian waschen und trocken schütteln. Die Knoblauchzehen in der Schale leicht andrücken. Das Butterschmalz in einer großen ofenfesten Pfanne erhitzen und die Rinderfiletstücke mit dem Thymian und Knoblauch darin von beiden Seiten ca. 3 Minuten anbraten. Mit Salz und Pfeffer würzen. Die Pfanne in den Backofen geben und das Fleisch weitere 6–8 Minuten rosa braten.

Die Rinderfiletstücke mit dem Rübstiel servieren. Dazu passen Bratkartoffeln und Kräuterbutter.

Graue Mäuse
(Westerwälder Kartoffelklöße)

Für 6 Personen

1 kg gekochte Pellkartoffeln
2 kg rohe Kartoffeln
3 Eier
Salz
Muskatnuss
ca. 5 EL Kartoffelmehl
50 g Butter

Außerdem
Zimtpulver, nach Belieben
Zucker, nach Belieben

Die Kartoffeln pellen und durch eine Kartoffelpresse drücken. Die rohen Kartoffeln waschen, schälen, reiben und die Flüssigkeit in einem Tuch ausdrücken. Beide Kartoffelmassen mit den Eiern, Salz, frisch geriebener Muskatnuss und ca. 4 EL Kartoffelmehl gut verkneten. Je nach Konsistenz des Teigs etwas mehr Kartoffelmehl zugeben. Aus dem Teig längliche Klöße formen.

In einem großen Topf Wasser, Salz und etwas angerührtes Kartoffelmehl zum Kochen bringen. Die Klöße hineingeben, kurz aufkochen, dann ca. 20 Minuten bei geringer Temperatur ziehen lassen, bis sie oben schwimmen

Die Butter in einer Pfanne erhitzen und die Klöße darin schwenken. Nach Belieben süß mit Zimt und Zucker bestreut oder herzhaft zum Braten servieren.

Hachenburger Ischel

(Hacksteaks)

Für 4 Personen

3 Zwiebeln
3 Scheiben Toastbrot
1 Eiweiß
500 g gemischtes Hackfleisch
1 Ei
10 EL Wasser
Salz, Pfeffer
40 g Butterschmalz
2 EL Weizenmehl
Speisestärke, nach Belieben

Die Zwiebeln schälen und grob hacken. Das Toastbrot in einer Küchenmaschine fein mahlen. Das Eiweiß steif schlagen.

In einer Schüssel das Hackfleisch, die Zwiebelwürfel, das gemahlene Toastbrot, Ei, den Eischnee und das Wasser miteinander verkneten. Mit Salz und Pfeffer würzen. Aus der Masse 4 ovale Klopse formen, die Zwiebelstücke sollten sich wie Igelstacheln an der Oberfläche befinden.

Das Butterschmalz in einer Pfanne zerlassen. Die Fleischklopse im Mehl wenden und im Butterschmalz bei mittlerer Temperatur von beiden Seiten durchbraten. Anschließend aus der Pfanne nehmen und warm halten.

Den Bratensatz mit etwas Wasser ablöschen, kurz aufkochen lassen, nach Belieben mit etwas in kaltem Wasser angerührter Speisestärke binden und abschmecken. Vor dem Servieren über die Ischel gießen.

Dazu schmeckt Kartoffel- oder grüner Salat.

Tipp

Durch die Mischung aus gemahlenem Toastbrot und Eischnee werden die Klopse schön locker. Durch Paniermehl würden sie zu hart.

Hasenpfeffer

Für 4 Personen

1 Bund Suppengrün
2 Zweige Thymian
4 küchenfertige Hasenkeulen
(à ca. 375 g)
Salz, Pfeffer
3 EL Sonnenblumenöl
1 Lorbeerblatt
5 Pimentkörner
½ Glas (212 ml)
Wild-Preiselbeeren
½ Bund Petersilie
2 EL Butter
3 EL Weizenmehl
1 TL Tomatenmark
125 ml trockener Rotwein
1 EL Johannisbeergelee

Das Suppengrün putzen, waschen, nach Bedarf schälen und grob in Stücke schneiden. Den Thymian waschen. Die Hasenkeulen enthäuten, gründlich waschen, trocken tupfen, salzen und pfeffern. In einem Bräter das Öl erhitzen und die Keulen darin kräftig anbraten.

Das geputzte Suppengrün mit ca. 2 Litern Wasser und etwas Salz in einem Topf zum Kochen bringen. Das Lorbeerblatt, die Pimentkörner, den Thymian sowie die Hasenkeulen zugeben. Bei geringer Temperatur ca. 60 Minuten köcheln lassen. Ab und zu den Schaum mit einem Schaumlöffel abschöpfen.

Die Keulen nach der Garzeit herausnehmen und etwas abkühlen lassen. Die Brühe durch ein feines Sieb gießen und ca. 500 ml abmessen. Das Hasenfleisch von den Knochen lösen und klein schneiden. Die Preiselbeeren in einem Sieb abtropfen lassen. Die Petersilie waschen, trocken schütteln, die Blättchen von den Stängeln zupfen und fein hacken.

In einem Topf die Butter schmelzen. Das Mehl und Tomatenmark einrühren und anschwitzen. Mit Brühe und Wein ablöschen, aufkochen und unter Rühren ca. 5 Minuten köcheln lassen. Das Fleisch und die Preiselbeeren in die Sauce geben und darin erwärmen. Mit Salz, Pfeffer und Johannisbeergelee abschmecken und mit Petersilie bestreut servieren.

Dazu schmecken Bandnudeln oder Knödel.

Tipp

Durch das Anbraten der Hasenkeulen bekommt das Gericht ein kräftigeres Aroma.

Apfelpfannkuchen

Foto ›

Für 4 Personen
(60 Minuten Standzeit)

225 g Butter
300 g Weizenmehl
550 ml Milch
5 Eier
110 g Zucker
Salz
Mark von 1 Vanilleschote
25 ml Mineralwasser oder Rum
4 Äpfel
3 EL Pflanzenöl

Außerdem
Puderzucker zum Bestäuben

Die Butter in einem Topf schmelzen und etwas abkühlen lassen. Das Mehl, die Milch, Eier, den Zucker, 1 Prise Salz und Vanillemark zu einem glatten Teig verrühren. Zum Schluss die flüssige Butter und das Mineralwasser bzw. den Rum unterrühren. Den Teig ca. 60 Minuten ruhen lassen.

Die Äpfel schälen, das Kerngehäuse entfernen und die Äpfel in Spalten schneiden. Etwas Öl in einer Pfanne erhitzen. Ein Viertel der Apfelspalten in die Pfanne legen. Ein Viertel des Pfannkuchenteigs daraufgießen und von beiden Seiten goldgelb backen. Auf die gleiche Weise drei weitere Pfannkuchen ausbacken. Noch heiß mit Puderzucker bestäuben.

Arme Ritter

Für 4 Personen

250 ml Milch
2 EL Sahne
2 Eier
3 EL Zucker
½ TL Zimtpulver
Mark von 1 Vanilleschote
Rum-Aroma
3 EL Butter
4 Scheiben Toastbrot
oder Hefezopf

Außerdem
Puderzucker zum Bestäuben

Die Milch mit der Sahne, den Eiern, dem Zucker, Zimt, Vanillemark und einigen Tropfen Rum-Aroma verquirlen.

In einer beschichteten Pfanne die Butter zerlassen. Die Toastbrot- oder Hefezopfscheiben in die Milch-Ei-Masse tunken und etwas abtropfen lassen. Die Scheiben in der Butter von beiden Seiten goldgelb ausbacken.

Mit Puderzucker bestäuben und mit Ahornsirup oder frischem Apfelkompott servieren.

Neujährchen

(Hefegebäck)

Für 1 Gebäckstück

250 ml Milch
1 Würfel Hefe (42 g)
500 g Weizenmehl
80 g Butter
Salz
80 g Zucker
1 Päckchen Vanillezucker
Milch zum Bestreichen

Die Milch in einem Topf erwärmen. Drei Viertel der Hefe in der Milch auflösen. 450 g Mehl, Butter und die Hefe-Milch mindestens 6 Minuten in einer Küchenmaschine oder mit der Hand verkneten. Den Teig zu einer Kugel formen und in eine große Schüssel mit kaltem Wasser legen, sodass die Kugel komplett mit Wasser bedeckt ist.

Den Backofen auf 180 °C Ober- und Unterhitze vorheizen. Wenn die Teigkugel auf der Wasseroberfläche schwimmt, den Teig aus dem Wasser nehmen und mit Küchenpapier abtupfen. Die restliche Hefe zerbröckeln und mit dem restlichen Mehl, 1 Prise Salz, Zucker und Vanillezucker verkneten. Die beiden Teige gut miteinander verkneten.

Den Teig dann in eine beliebige Form bringen, zum Beispiel zu Sonnenrädchen, aneinanderhängenden Schneckennudeln oder einem geflochtenen Kranz formen. Mit Milch bestreichen, auf ein mit Backpapier ausgelegtes Backblech legen und im Backofen, je nach Form, ca. 45 Minuten backen.

Info

Das Neujährchen ist ein Hefegebäck, das traditionell zum Jahreswechsel gebacken wird, aber regional bedingt unterschiedliche Formen haben kann.

Frank Brunswig

Eva Eppard

Danksagung

Ein großes Dankeschön geht an Frau Heike Feser, cookmal!, Mainz; Metzgerei Weil, Mainz-Finten; Stein's Kräuter & Garten, Mainz-Gonsenheim; Tafelstern, professional porcelain, Selb und Weil's Bauernladen, Mainz-Finten.

Ebenso möchte ich mich herzlich bei meinen Eltern Christel und Friedrich-Karl Eppard, meinem Geschäftspartner Frank Brunswig, dem Team von SWR4 insbesondere bei Stefanie Zohm sowie dem gesamten Kupferbergterrassen-Team bedanken!

Rezepte nach Region

Eifel

Hunsrück

Mosel-Saar

Pfalz

Rheinhessen

Westerwald

Rezeptregister

Eva Eppard
In den Topf geschaut

Impressum

Lizenziert durch SWR Media Services GmbH

Herausgeber: Ralf Frenzel

2. Auflage 2012
© 2012 Tre Torri Verlag GmbH, Wiesbaden
www.tretorri.de

Idee, Konzeption und Umsetzung
Tre Torri Verlag GmbH, Wiesbaden

SWR Media Services GmbH Projektleitung: Benedikt Meyer, Baden-Baden
Redaktion und Texte: Stefanie Zohm, SWR4 Rheinland-Pfalz

Gestaltung/Illustration: Gaby Bittner, Wiesbaden
Fotografie: Christof Herdt, Frankfurt
Reproduktion: Lorenz & Zeller, Inning a. A.

ISBN 978-3-941641-74-7

Printed in Germany
Gedruckt wurde auf 135 g/qm LuxoArt Silk
FSC®-zertifiziertem Papier